명
상
록

명상록

마르쿠스 아우렐리우스의
사색과 성찰

마르쿠스 아우렐리우스 지음
쌔라 강 옮김
박홍규 해제

마르쿠스 아우렐리우스와 『명상록』

마르쿠스 아우렐리우스Marcus Aurelius는 로마 제국의 황금시기인 5현제의 마지막 철인哲人 황제였다. 그는 121년 4월에 로마에서 태어났고, 어린 나이에 아버지를 여의고 할아버지에게 입양되어 최고의 스승들 밑에서 최고의 교육을 받게 된다. 그는 어려서부터 진리를 추구하며 총명하여, 당시의 황제였던 하드리아누스 황제의 관심을 받게 된다. 하드리아누스 황제가 자신의 후계자이자 마르쿠스의 삼촌인 안토니누스 피우스 황제에게 마르쿠스를 양자로 삼을 것을 권하여 마르쿠스는 안토니누스 황제의 양자가 되었고, 그와 동시에 로마의 번영과 평화로운 시기 동안 최고의 학자들에게서 수사학, 철학, 법학 등 여러 분야에 걸쳐 지식을 쌓게 되며, 스토아 철학자 루스티쿠스와 에픽테토스의 영향도 받게 된다. 138년에 하드리아누스 황제가 죽자 안토니누스가 황제로 즉위하게 되고, 마르쿠스는 19세의 어린 나이로 집정관의 자리에 오르게 되며, 145년에 안토니누스 황제의 딸인 파우스티나와 결혼해서 14명의 자녀를 얻게 된다.

그 당시에는 친자에게 제위를 계승하지 않고 측근에 있는 누구든지 역량이 있고 유능해 보이는 인물을 양자로 하여 후계자로 삼아 현제의 시대가 이어져 내려오던 터인지라, 안토니누스 황제도 마르쿠스를 정식 후계자로 지명하고 161년에 사망하게 된다. 그리하여 마르쿠스 아우렐리우스는 제16대 로마 황제로 즉위하여 180년까지 로마 제국을 통치하게 된다. 선정을 베풀었던 그는 여러 가지 덕목으로 칭송을 받는 황제였으나, 그의 치세 동안에 여러 번의 전쟁을 치르게 되며, 거기에다 역병이 창궐하여 이중고에 시달려야 했다. 그리고 180년 북방의 전선에서 회귀하던 중 역병으로 인해 사망했다.

그는 그의 생전에 마지막 살아남은 친자인 코모두스를 후계자로 지명했지만, 황제가 된 코모두스는 아버지와는 달리 폭정을 일삼다가 결국에는 암살을 당한다. 그리하여 80년간의 인류 역사상 가장 황금시기를 구가했다던 5현제의 시대는 막을 내리게 된다. 육신을 신뢰하지 않던 그가 자신의 탁월한 정신세계를 계승할 자를 후계자로 삼지 않은 점에 대해서는 못내 아쉬움을 남긴다.

『명상록』은 안토니누스 황제가 죽은 다음 평화의 시기가 지나가고 사방에서 전쟁과 반란이 거듭되면서, 168년부터 거의 10년에 걸쳐 마르쿠스 아우렐리우스는 전투를 지휘하기 위해 여러 전선에 머물게 되는데, 그때 진중에서 기록한 것이다. 황제가 자신의 성찰을 위해 일기 형식으로 그리스어로 기록한 글로 원제는 '자기 자신에게[Ta Eis Heauton]'이다. 그리고 4세기가 되어서야 알려진 이 글에 『명상록』이라는 제목을 붙인 건 후세 사람들이다.

철인 황제로도 불리우는 마르쿠스 아우렐리우스의 우주관과 인생관은 그리스의 스토아 철학 사상에 근간을 두고 있으며, 에픽테토스와 세네카와 같이 후기 스토아 철학자로도 알려져 있다. 어린 시절부터 그리스 철학자들의 수행법을 즐겨 익히며 철학에 심취했던 그는 황제가 된 후에도 궁정에서의 삶을 계모로, 철학자의 삶을 생모로 비유할 정도로 철학에 대한 의존도가 높았으며 철학에서 궁정에서의 고달픈 삶의 모든 해답과 위안을 얻고자 했다.

마르쿠스는 『명상록』에서 인간을 가장 높은 우주라는 국가의 주민으로 보았고, 지구 전체가 우주 공간의 한 점에 불과하다고 했다. 또한 인간은 육신과 호흡인 혼과, 이 둘을 지배하는 정신으로 이루어져 있다고 보며, 우주적 본성과 그에 부합하는 인간의 지배적 이성을 최고의 가치 이념으로 삼았으며, 신의 섭리에 순응하는 삶과 사회적으로 공익을 추구하는 삶을 기본 목적으로 삼았다. 또한 삶에 있어서 현재의 삶, 즉 오늘의 삶이 축적된 것이 우리의 과거와 미래를 결정하는 것이므로 오늘의 삶의 중요성을 강조했다. 죽음에 대해서는 언제나 필사必死의 존재라는 것을 인식하며 살아갈 것과 죽음을 자연의 한 과정으로 긍정적 태도로 자연스럽게 받아들일 수 있도록 하며, 더 나아가 죽음 이후의 삶에 대해서도 생각이 미칠 수 있도록 유도한다.

한편 마르쿠스의 『명상록』의 가르침은 기독교에도 영향을 끼친 것으로 오늘날 평가되기도 한다. 그의 가르침이 기독교와 흡사하며, 그 당시에 마르쿠스가 모든 사람 중에서 가장 기독교를 포용할 수 있었던 인물이라고 본 존 스튜어트 밀John Stuart Mill은 널리 애독되고 있는 그의 저서 『자유론』에서 "만일 기독교 신앙이 콘스탄티누스 황제가 아니라 마르쿠스 아우렐리우스 황제의 보호 아래 로마 제국의 국교로

채택되었다면 세계의 역사가 얼마나 달라졌을까를 생각하는 것은 가슴 아픈 일이다"라고 언급하고 있다. 그러나 마르쿠스는 기독교에 대한 박해를 공식적으로 선언했다. 기독교에 대해 포용 정책을 쓰지 않았던 것은 황제인 그가 안고 있는 정치적 상황과 이유가 있을 수 있다. 그렇더라도 포용과 박해의 이 두 가지 정책이 말할 수 없이 현격한 차이를 내는 것처럼, 그의 가르침과 기독교의 가르침 사이에도 역시 그러한 차이점이 도사리고 있지 않겠는가 하는 점이다. 아무쪼록 이『명상록』을 접한 우리가 나름대로 이에 대한 해답도 명확하게 얻게 되기를 바란다.

  고대 최고의 지성을 갖춘 마르쿠스 아우렐리우스가 쓴『명상록』은 윤리학 분야에서도 최고의 걸작으로 일컬어지고 있으며, 지금도 많은 사람의 필독서로 자리매김하고 있다. 격변하는 소용돌이에 둘러싸여 있는 현시대를 살아가며, 오직 외식外飾에 치중하는 삶에 시달리며 힘겹게 살아가는 우리들에게『명상록』은 그야말로 우리에게 내면 세계의 중요성과 내면의 휴식처를 제공해주는 청량제 역할을 해주기에 충분하리라 사료된다. 또한 이『명상록』이 우리 사고의 지평을 넓혀주며 새로운 가치관의 형성에 도움을 주게 될 것이며, 무엇보다도 더 이상 우월한 정신이 열등한 육신의 노예가 되지 않게 되어 우리들의 잃어버린 형상을 회복하는 계기를 마련해주리라 기대한다.

차 례

해제
이성과 양심에 따라 로마 제국을 통치한 철인왕

머리말

마르쿠스 아우렐리우스(이하 '마르쿠스'로 약칭. 정식 이름은 Caesar Marcus Aurelius Antoninus Augustus이고, 본명은 Marcus Annius Verus 다)가 누군지 모른다고 해도 2000년에 제작된 미국 영화 〈글래디에이터〉 앞부분에 나오는 늙은 로마 황제를 기억하는 사람은 적지 않을 것이다. 그 역을 연기한 리처드 해리스가 그 영화에 출연했을 때 70세였고, 그 2년 뒤에 죽은 탓인지 기가 많이 죽은 모습이어서 〈말이라 불리운 사나이〉와 같은 그의 젊은 시절 영화에서 볼 수 있었던 박력 넘치는 연기를 그리워하는 사람들도 있었을 것이다. 〈말이라 불리운 사나이〉의 해리스는 지금도 로마의 카피톨리움 박물관에 남아 있는 마르쿠스의 기마상, 그 후 모든 기마상의 전범이 되었을 정도로 위풍당당한 황제의 모습과 유사하지만, 실제로 그는 평생 병약하여 거의 고통 속에서 살았고 매일 수많은 약을 복용했다.

꽤 나이 든 영화 팬이라면 1964년에 나온 〈로마 제국의 멸망〉을 기억하겠지만, 그 영화 속에 왕년의 셰익스피어 연극의 최고 명배우인 알렉 기니스가 마르쿠스를 연기한 것까지는 기억하지 못할지 모른다. 여하튼 로마 제국 5현제의 마지막 철인왕인 마르쿠스에게는 병약하게 보이는 리처드 해리스보다는 알렉 기니스가 더 잘 어울린다.

게다가 심오한 사색에 곧잘 젖어 심지어 노장류의 무위자연을 주장하기도 하는 철인왕이면서도 건전한 생활인의 면모도 보여 그가 쓴 『명상록』을 역사상 최고의 자기계발서로 만들었다는 측면에서도 알렉 기니스가 딱이라고 할 수 있다. 물론 그러면서도 재위 기간 내내 정복에 나섰다는 점을 보여주기에는 알렉 기니스보다는 리처드 해리스가 더 맞을지도 모른다. 여하튼 그는 수많은 영화에 등장한 로마 황제 중에서 유일하게 진지한 인물로 묘사되어 왔다.

〈글래디에이터〉에서 마르쿠스는 막시무스에게 황제의 자리를 넘기고자 한 것으로 묘사되었지만, 러셀 크로우가 연기한 막시무스라는 인물은 실존 인물이 아니었다. 영화에서 막시무시와 대결하는 코모두스가 실제로 황제가 되었고, 영화에서 코모두스 이후 로마가 제국에서 공화국으로 변했다고 하는 것도 실제 역사와는 맞지 않다. 실제로는 16대 황제 마르쿠스로 제국의 전성기가 끝나고 제국은 암흑의 시대로 접어들었다.

일본 우익 출신의 시오노 나나미는 그녀가 광적으로 좋아하는 독재자 카이사르에 비해 철인왕 마르쿠스를 당연히 나약하게 보아 황제로서는 낮게 평가하지만, 이는 사실 그녀의 편견에 불과하고, 어쩌면 알렉 기니스가 연기한 마르쿠스상에 사로잡힌 탓일지 모른다. 나나미는 철인왕이라고 해도 플라톤이 말하는 투철한 군인 철인왕이어야 한다고 생각해 스토아 철학자이자 코스모폴리탄이기도 했던 마르쿠스를 철인왕으로 보기 싫었을지도 모르지만, 나는 한국에서 한때 플라톤이 말한 철인왕이라고 불린 박정희보다는 훨씬 더 철인왕의 이미지에 맞는 자가 마르쿠스라고 생각한다. 그것은 끝없이 고뇌하는 철인왕 이미지다. 그 점을 가장 분명하게 보여준 것이 바로 그가 전장에서 틈틈이 기록한 『명상록』이다. 이 책이 없었다면 그는 우리에게 알려지지 않았을지도 모른다.

마르쿠스 아우렐리우스의 삶

황제로 살았던 마르쿠스의 생애는 700쪽 이상의 책으로 쓰일 만큼 복잡하지만 『명상록』을 읽기 위한 최소한의 안내 차원에서는 7쪽에 이를 필요도 없다. 마르쿠스 이전의 로마 황제는 혈육을 통해 세습하는 것이 아니라 명문가 출신의 뛰어난 소년을 양자로 삼아 계승시키는 것이었다. 마르쿠스도 그러했다. 그가 당시 귀족 자제들이 받던 탁월한 교육을 받았음은 『명상록』 1장에 나오는 그의 스승 목록을 통해 잘 알 수 있다. 특히 노예 출신의 스토아 철학자인 에픽테토스의 『담화록Diatribai』을 탐독하면서 철학에 흥미를 가졌다. 그러나 몸은 허약했다. 황제가 된 160년대부터 180년 죽기 직전까지 전장에서 쓴 『명상록』에서 인간세계를 허무하고 보잘것없으며 어떤 희망도 없다는 식의 종말론적 분위기를 보여주는 이유를 약물에 중독된 탓으로 보는 견해도 있다.

그가 황제에 즉위하게 된 이유는 신비에 싸여 있다. 40세인 161년에 로마 황제에 즉위했고, 19년 뒤인 180년에 59세로 죽었다. 재위 기간 내내 전쟁이 끊이지 않았으나, 그럼에도 수많은 법령을 공포했다. 노예나 과부나 소수민족 같은 계층을 보호했으나, 177년에 리옹에서 일어난 기독교 순교와 같이 기독교를 박해한 사례도 그의 재위 기간에 일어났다. 황제 자신이 그것을 주도하지는 않았지만 스스로 기독교를 미신이라고 보고 좋아하지 않았던 것도 사실이다.

영화 〈글래디에이터〉에서는 마르쿠스가 황제의 권력을 로마 원로원으로 되돌리기 위해 권력을 막시무스에게 넘기고자 했지만, 황제에게 그 말을 들은 아들 코모두스가 크게 분노하여 아버지를 비밀리에 살해하고 황제가 된 것으로 나온다. 그러나 이는 사실과 다르다. 177년에 마르쿠스는 당시 16세였던 코모두스를 공동 황제로 선포하고 공동으로 도나우 강 전쟁을 다시 시작했고, 180년에는 코모두스를 국정의 최고 조언자로 임명했다. 그런데 코모두스는 아버지처럼 병약한데다 정치와 군사에 경험도 없어 당시 사람들에게 비판을 받았다. 이를 두고 자식의 일만은 철인답게 처리하지 못하고 아들에 대한 지나친 사랑 때문에(영화에서는 그 반대로 사랑의 결여 때문이라고 본다) 혈육에 의한 세습 왕조를 고집하여 결국 외부 침략이 아닌 내부 분열로 로마 제국이 멸망하기 시작했다는 비판이 있다.

여하튼 마르쿠스는 로마 제국의 가장 찬란한 시기였던 5현제 시대를 끝낸 황제로 평가된다. 5현제란 96년부터 180년까지 184년 동안 로마를 통치한 5명의 현명한 황제들인 네르바(재위 96~98년), 트라야누스(재위 98~117년), 하드리아누스(재위 117~138년), 안토니누스 피우스(재위 138~161년), 마르쿠스 아우렐리우스(재위 161~180년)를 말한다. 마지막 두 황제인 안토니누스 피우스와 마르쿠스 아우렐리우스는 흔히 안토니누스 일가라고 부르며, 이 호칭은 때로 두 사람뿐만 아니라 마르쿠스와 공동 황제였던 루키우스 베루스와 코모두스까지 포함하는 뜻으로 쓰기도 한다.

5현제 시대에 로마 제국은 정치적 안정과 경제적 번영을 이룩한 점에서 제국 역사에서 가장 뛰어난 황금기였다. 제국은 굳건해졌고 방어 태세는 완벽했으며 통일적인 속주 행정제도가 제국 전역을 포괄하여 제국의 모든 백성이 언어와 문화면에서 로마화했다. 그러나 권력이 완전히 황제에게 집중되어 원로원은 황제 휘하의 귀족집단으로 전락했고 황제에 의해 귀족이 된 사람들로 구성되어 로마 공화제를 완전히 사라지게 한 부정적인 측면도 무시해서는 안 된다. 또한 제국 중심의 인구감소와 재정난, 속주 지방행정의 부패 등이 제국을 침체시켜갔다. 그 결과 180년에 마르쿠스가 사망한 뒤 로마 제국은 급속하게 내전의 혼란에 빠져들었고, 193년 코모두스가 암살될 때까지 내전이 계속되었다.

『명상록』에 영향을 미친 사상

『용비어천가』는 세종 앞의 왕들을 예찬한 책이지만 『명상록』은 마르쿠스 앞의 황제들, 특히 알렉산드로스나 카이사르, 폼페이우스 같은 영웅들과 무관하다. 아니 『명상록』에서 그는 그들을 거부한다.

"알렉산드로스, 율리우스 카이사르, 폼페이우스—이들은 디오게네스, 헤라클레이토스, 소크라테스에 비해 어떤 사람들인가? 후자에 속한 이 사람들은 만물의 실재와 그 원인과 질료, 그리고 그들을 다스리는 정신이 그들 자신의 주인이라는 것을 알았다. 전자에 속한 사람들은 그들의 온갖 야망에 사로잡힌 노예가 되어 살아갔다.”

그러니 마르쿠스의 참된 스승은 디오게네스다. 알렉산드로스 대왕이 시체를 묻는 데 사용하는 통 속에서 벌거벗고 햇빛을 즐기는 디오게네스를 찾아가 “나는 알렉산드로스 대왕이다. 소원이 있으면 말하라”고 하자 디오게네스가 “나는 개 디오게네스다. 햇빛 가리지 말고 비켜라”고 답했다고 철학 책에서는 그를 견유犬儒학파로 분류한다.

디오게네스에게는 몇 명의 제자가 있었다. 그중에는 히파르키아라는 여성도 있었다. 히파르키아는 디오게네스의 제자답게 구혼자의 재산, 출신 성분, 용모에 무관심했다. 그녀는 디오게네스의 제자인 크라테스와 결혼했다. 스승인 디오게네스는 결혼을 부정했지만 그들은 결혼을 했다. 크라테스는 알렉산드로스가 조국의 재건을 원하느냐고 묻자 ‘또다른 알렉산드로스’가 그걸 파괴할 것이므로 그럴 필요가 없다고 답했다. 크라테스는 디오게네스의 충고에 따라 양치는 목장을 포기하고, 갖고 있던 재산과 돈을 모두 바다에 던져버렸다. 그의 집에는 누구나 자유롭게 드나들었고, 크라테스는 찾아오는 모든 사람을 환대했다. 그러나 그는 스스로 거지가 되기를 거부했고 최소한의 물질 소유를 긍정한 점에서 디오게네스와 달랐다.

크라테스의 제자 중에 제논이 있었다. 제논은 디오게네스가 죽기 10여 년 전에 키프로스 섬에서 태어났고 20대에 아테네로 가서 크라테스의 제자가 되었다. 그는 아름다움(탁월성)과 절제를 같은 것으로 보았다. 탁월성이 없는 한 부모나 가족도 원수라고 했고, 부녀를 공유하고 남녀가 같은 옷을 입어야 한다고 했다. 또 도시 안에 신전, 법정, 체육관을 지어서는 안 되고, 화폐를 만들어서도 안 된다고 했다. 이런 점에서 그는 명백히 디오게네스를 잇는 사람이었다.

마르쿠스는 일반적으로 스토아 철학자에 속한다고 한다. 그리스·로마 철학의 한 유파인 스토아 철학에서 스토아란 원래 전방을 기둥으로, 후방을 벽으로 둘러싼 고대 그리스 여러 도시에 있는 공공건축을 의미하는데, 그 학파의 창시자인 제논이 아테네의 어느 스토아에서 강의를 한 데서 비롯되었다. 기원전 3세기를 '고古 스토아' 시기(제논, 클레안테스, 크리시포스), 기원전 2~1세기를 '중기 스토아' 시기(파나이티오스, 포세이도니오스), 기원후 1~2세기를 '후기 스토아' 시기(세네카, 에픽테토스, 마르쿠스 아우렐리우스)라고 부른다.

스토아학파는 대체로 소크라테스와 플라톤의 이데아론과 영혼 불멸에 관한 논증을 거부했다. 제논은 당시 그리스의 상식인 유물론으로 플라톤 등의 형이상학과 맞서 싸웠다. 그는 개인의 삶에서 선은 건강, 행복, 재산과 같은 것들에 있는 것이 아니라 오직 개인적 의지의 탁월성에 있다고 보았다. 그러므로 인간은 세속적 욕망에서 해방되어야만 자유로워진다고 생각했다.

마르쿠스의 사상은 스토아주의의 도덕 철학, 특히 에픽테토스에서 비롯되었지만 스토아 철학을 벗어나 플라톤주의에 더 가까웠다고도 볼 수 있다. 플라톤주의는 당시 에피쿠로스주의를 제외한 모든 이단철학을 다 끌어안아 신플라톤주의로 바뀌고 있었다. 또한 마르쿠스는 소크라테스 이전의 철학자인 헤라클레이토스의 영향을 받았다. 특히 만물은 영원히 변화하는 유동 상태라고 보는 그의 견해는『명상록』의 기본을 형성한다. 가령 "얼마나 신속하게 모든 것이 사라지는가"라고 한 말이다.

마르쿠스는 자신이 속한 '후기 스토아' 철학자 중에서 세네카보다도 에픽테토스와 일치하는 부분이 많았다. 에픽테토스는 선과 악은 오직 우리의 선택에 존재할 뿐, 결코 외부에 있는 것이 아니라고 하고 자신의 삶의 주인이 되는 것이 철학의 목표라고 주장했다. 그리고 자유, 판단, 의욕, 정직이라는 네 가지를 강조했다.

『명상록』은 어떤 책인가?

『명상록』을 일기나 비망록으로 본 견해도 있었지만, 이는 정확하지 않은 듯하며 그렇다고 출간을 전제로 하여 쓴 책도 아니었다. 모국어인 라틴어가 아니라 철학에서 사용하는 언어인 그리스어로 썼다는 점이 일기가 아님을 보여준다. 즉 혼자서 자신을 극복하고자 쓴 극기의 기록이지 작가로서 야심을 가지고 쓴 것이 아니었다. 매일 고상한 마음을 갖기 위해 정진해야 한다는 동양적인 수양의 기록이라고도 할 수 있다. 그래서 우리에게 더 깊고 넓은 감동을 주는지도 모른다. 사실 이런 기록 방법은 고대인들에게는 특이한 것이 아니었다.

『명상록』은 총 12권으로 이루어져 있는데, 각 장에는 배움, 인생, 운명, 죽음, 인간의 본성, 자연, 우주, 선악, 영혼, 도덕 등에 대한 스토아적 사상이 기술되어 있다. 스토아 철학은 만물은 끊임없이 변화할 수밖에 없음이 자연의 이치이므로, 인간도 육체적 욕망에 몸을 맡기지 말고 불굴의 의지로 국가 안에서 자기가 맡은 역할을 충실히 다하는 것이 본연의 의무라는 도덕성을 강조했다. 인간이란 우주의 질서, 즉 신의 섭리에 의해 태어난 미소微少한 존재에 지나지 않으며 세상의 모든 물질이나 사건은 다 우주의 존립을 위해 필요한 것들이므로, 인간은 거역하지 말고 자연의 법칙에 따라야 한다는 것이다. 이것은 종교에서 말하는 절대적인 복종과는 다르다. 자기의 현세적인 덧없고 끝없는 욕망을 절제함으로써 세상을 관조하면 자연히 마음의 평정을 얻게 되어 자연의 일부인 자기의 본성을 되찾게 된다는 뜻으로, 인간 스스로의 절제와 인내가 전제되어 있다.

스토아 철학에 의하면 우주는 지성이 지배하는 하나의 통일체이며, 인간의 영혼은 신이 가진 지성의 일부다. 스토아 철학자들은 우주를 지배하는 궁극적인 통일 원리를 로고스Logos라고 했고, 우주의 일부인 인간은 선천적으로 로고스의 분신인 이성을 갖고 태어났기 때문에 우주 자연의 이법을 파악하고 이해할 수 있다고 주장했다. 그들은 우주의 자연은 욕심이 없고, 로고스의 분신을 본성으로 가지고 있는 인간은 마땅히 욕구나 유혹에 동요되어서는 안 되며, 이성에서 비롯되는 양심의 명령에 절대 순종해야 한다고 역설했다. 또한 사람은 누구나 이성을 지니고 있는 한 평등하고, 전 세계 인류는 형제이며 동포이자 같은 시민이라고 주장했다. 그래서 스토아 철학의 영향을 받은 마르쿠스 아우렐리우스의 『명상록』을 읽으면 금욕주의에 가까운 도덕주의, 이상주의, 종말론적 세계관 등이 느껴진다.

『명상록』 중에서 가장 유명한 말은 다음과 같은 것들이다.

"목적 없는 일을 행하지 말고, 살아가는 기술에 있어서도 확고한 원리들에 따르는 것이 아니라면 행하지 말라."

"수천 년을 살 것처럼 살아가지 말라. 죽음은 갑작스럽게 다가올 수 있다. 살아 있는 동안 네가 할 수 있을 때 선한 자가 되어라."

"날이 밝아올 무렵에 잠자리에서 마지못해서 일어날 때에는 이런 생각을 가져라. '나는 인간으로서 해야 할 본분을 행하기 위해 일어나는 것이다. 나는 그 일을 하기 위해 태어났고, 그 일로 인해 세상에 존재하게 되었는데, 그런데도 여전히 그 일에 대한 불만을 가질 수 있단 말인가?'"

"다른 사람들이 하는 말을 무시하지 않고, 가능하면 말하는 자의 입장이 되어보는 일에 익숙해지도록 하라."

"미래의 일로 걱정하지 말라. 네가 반드시 그 미래로 가야 한다 면, 너는 지금 현재에서 적용하고 있는 바로 그 동일한 이성을 가지고 미래로 가게 될 것이다."

"오직 네게 일어나는 일들과 너에게 배정된 것들만 사랑하라. 무엇이 그보다 더 네게 맞는 일이 되겠느냐?"

"쾌락은 유익한 것도 선한 것도 아니다."

"각자의 지배적 이성에 관여하고, 다른 사람들이 네 자신의 지배적 이성에 관여하도록 하라."

"첫째, 목표나 목적의식 없이 행하지 말라. 둘째, 공동의 유익 보다 다른 어떤 목적의식을 가지지 말라."

『명상록』을 읽기 위한 안내에 불과한 이 글에서 그 내용을 더 인용할 필요는 없다. 대신 우리는『명상록』이 단순한 자기계발서가 아니라 심오한 철학이라는 점을 중시해야 한다. 그리고 그 어떤 철학보다도 중요하고, 특히 생활인인 우리에게 중요하다는 점을 강조할 필요가 있다. 특히 불필요하게 난해한 어떤 철학보다 중요하다. 게다가 그 어떤 철학자보다도 자연을 중시한 점은 우리들 동양인에게 맞고 자연 파괴가 심각한 오늘의 현실에도 절실하다. 마르쿠스는 '로마의 붓다'라고 불리기도 했다.

맺음말

마르쿠스의 생각은 모든 서양철학자들에게 엄청난 영향을 끼쳤다. 그는 예수보다 늦게 태어났지만 위에서 본 몇 마디를 보아도 예수의 산상수훈과 크게 다르지 않다는 것을 누구나 쉽게 알 수 있다. 예수만이 아니라 아우구스티누스의 기독교 사상, 그리고 루소와 칸트와

J. S. 밀에 이르는 서양철학은 물론 괴테에 이르는 서양문학까지 마르쿠스의 영향을 받았다. 서양문화란 마르쿠스의 가르침을 심화시키고 확대한 것이라 해도 과언이 아니다. 마르쿠스를 철인 통치자로 평가하는 점에 대해서는 앞서 보았듯이 여러 가지 논의가 있지만, 중요한 지적知的 저작을 자신의 이름으로 남긴 통치자는 정말 드문 것이 사실이다. 앞에서 언급한 700쪽이 넘는 평전 마지막에서 프랭크 맥클린은 마르쿠스에 가장 가까운 역사적 인물로 남아공의 정치가 얀 크리스티안 스뫼츠를 들지만 그는 인종주의자로, 남아공에서 인도인을 위한 인권투쟁에 나선 마하트마 간디를 탄압한 사람으로 유명하다. 나로서는 도리어 마르쿠스에 가까운 철인 정치가는 평생 진리 탐구로 살았고, 그 하나로 정치를 한 간디라고 생각한다.

우리 역사에서 전쟁 중의 기록으로는 『난중일기』를 꼽을 수 있지만 그것은 그야말로 전쟁 기록으로 철학적 사색의 기록인 『명상록』과는 다르다. 『명상록』에는 전쟁에 대한 언급이 거의 없다. 전체 12권 중에서 2~3권을 쓴 장소가 기록되어 있어 그 글들이 전장에서 쓰였음을 알 수 있을 뿐이다. 나머지 부분에는 집필 장소가 기재되어 있지 않지만 역시 전장에서 쓴 것으로 추측된다. 전장에 참고 서적이 많이 있었을 리가 없다. 그럼에도 이런 정도의 고상한 철학적 사색의 책을 썼다니 놀랍다. 당시의 전쟁이란 것이 대단히 소박한 것이어서 쉬는 시간이 많아 그런 책을 썼다고 볼 수 있을지도 모르지만, 인류 역사에 수많은 황제가 있었고 그들이 전쟁을 치렀지만 이런 책을 남긴 사람은 마르쿠스밖에 없다.

여하튼 이순신과는 시대도 다르다. 마르쿠스는 기원후 2세기에 살았으니 이순신보다 15세기 정도 빨리 태어난 사람이다. 마르쿠스가 황제가 된 161년은 삼국시대 초기에 해당된다. 삼국시대 왕들이 남긴 명상록은 물론 그 어떤 왕이나 대통령의 명상록도 우리는 볼 수 없다. 명상하는 철학자 리더가 반드시 옳은 리더라고 할 수 없을지 모르지만, 생각이 전혀 없는 리더보다는 낫다고 할 수 있지 않을까? 우리에게도 그런 사색하는 리더가 필요하지 않을까? 정치만이 아니라 사회의 모든 영역에서, 심지어 가정에서도 생각할 줄 아는 리더가 필요한 시대가 아닐까?

마르쿠스 아우렐리우스의 연보

121년   4월 26일에 로마에서 아버지 마르쿠스 안니우스 베루스와 어머니 도미티아 루킬라 사이에서 태어남.

124년   마르쿠스가 3세가 되던 해에 아버지를 여의고, 할아버지에게 입양됨.

138년   마르쿠스의 삼촌인 안토니누스 피우스를 양아들과 후계자로 삼은 하드리아누스 황제가 안토니누스에게 마르쿠스를 양아들로 삼기를 권해 안토니누스는 마르쿠스를 양자로 삼음. 하드리아누스 황제가 죽자, 그해 7월 10일에 안토니누스가 황제가 됨.

140년   19세에 처음으로 집정관에 오르게 됨.

145년   24세에 안토니누스의 딸(사촌누이)인 파우스티나와 결혼하여 14명의 자녀를 얻었고, 155~161년경에 어머니 도미티아 루킬라가 죽음.

161년   3월 7일에 안토니누스 피우스 황제가 사망하고, 40세에 마르쿠스 아우렐리우스는 황제로 즉위함. 같은 해 8월 31일에 그의 위를 계승하는 아들 코모두스가 태어남.

168년   47세에 게르만족의 침입으로 인해 다뉴브 강 전선으로 출정, 말년의 삶을 거의 전쟁터에서 보냄.

175년   마르쿠스의 아내 파우스티나가 죽음.

177년   마르쿠스의 아들 코모두스가 나이 15세가 되던 해에 공동 황제로 추대됨.

180년   3월 17일에 59세의 나이로, 판노니아의 시르미움 근방에서 역병으로 인해 죽음.

제  권

1. 조부 베루스[1]에게서 품위를 지키는 것과 온유한 성품에 대해 배웠다.

2. 내 아버지에 대한 뭇사람들의 평판과 내 기억 속에 있는 아버지[2]에게서는 진실함과 남자다움에 대해 배웠다.

---

1) 마르쿠스 안니우스 베루스Marcus Annius Verus(?~138년)는 마르쿠스 아우렐리우스의 조부로 세 번에 걸쳐 집정관을 역임했으며, 마르쿠스의 생부가 죽자 어린 마르쿠스를 양자로 삼아 안토니누스 피우스에게 입양되기 전까지 양육했다.
2) 마르쿠스 생부의 이름은 마르쿠스 안니우스 베루스로 그의 조부의 이름과 동일하고, 마르쿠스가 세 살 때, 젊은 나이에 사망했다.

3. 어머니[3]에게서는 신을 경외하는 독실한 삶, 남에게 베푸는 관대한 삶과 잘못된 일은 하지 않을 뿐 아니라 그런 것은 생각조차 하지 않는 삶, 그리고 검소하고 부자들의 씀씀이와 다른 절제된 삶을 배웠다.

4. 증조부[4]께서는 공립학교에 다니지 않고 훌륭한 선생님들을 집으로 초빙하여 배우게 하였고, 이런 일에는 돈을 후하게 써야한다는 것도 알게 해주었다.

5. 내 개인교사[5]는 전차경주에서나 원형경기장에서 하는 검투시합에서 그 어느 편을 응원하거나 어느 한 편에 서지 않는 것, 고통을 견디어내는 것, 많은 것을 요구하지 않는 삶, 내가 해야 할 일들은 스스로 구상하여 내 손으로 하는 것, 악의적인 험담을 귀담아 듣지 말라고 했다.

6. 디오그네투스[6]에게서 무의미한 일들에 열정을 쏟는 것을 피할 것, 주술가들이나 사기꾼들의 주문이나 축사逐邪, 그와 같은 말들에 현혹되지 않는 것, 메추라기를 싸움 붙이기 위해 기르고 그런 일들에

---

3) 마르쿠스의 어머니 도미티아 루킬라Domitia Lucilla는 원로원의 딸로서, 상당한 부를 상속받은 여인이었다.
4) 루키우스 카틸리우스 세베루스Lucius Catilius Severus이며, 마르쿠스의 외증조부를 말한다.
5) 이름을 밝히진 않았지만, 어린 마르쿠스의 전반적인 교육을 담당했던 노예를 일컫는 듯하다.
6) 디오그네투스Diognetus는 마르쿠스의 미술을 담당했던 선생이었다.

열광하지 않는 것, 다른 사람들이 해주는 솔직한 충고를 받아들이는 것, 내가 철학에 열중하여 바케이오스를 선두로 해서 탄다시스와 마르키아누스[7]에게서 배우게 된 것, 어린 시절부터 대화록을 쓰게 된 것, 간이침대나 가죽 담요와 그 밖에 그리스 철학자들의 수행법과 관련된 모든 것을 배우고 좋아하게 되었다.

7. 루스티쿠스[8]에게서는 인품을 갖추기 위해 성품을 교정하고 개선해나가는 것, 미사여구를 사용한 화려한 언변에 길들지 않는 것, 자기만의 어설픈 어림짐작으로 글을 쓰지 않는 것, 자기 위주의 지나친 도덕적 연설을 하지 않는 것, 금욕주의자나 자선가처럼 보이려고 애쓰지 않는 것, 장황한 연설이나 가식적인 언행을 삼가는 것, 예복을 입고 집 주변을 산책한다든지 그와 같은 외식에 치우치는 행동을 하지 않는 것, 편지는 루스티쿠스가 시누엣사[9]에서 내 어머니에게 쓴 것처럼 꾸밈이 없는 문체로 써야 한다는 것, 누군가 내게 화를 내거나 모욕을 준 경우에도 돌이켜 화해를 청할 때는 기꺼이 받아들이는 것, 책은 깊이 있게 정독하며 나의 얄팍한 사고력에 만족하지 않는 것, 다른 이의 술술 내어뱉는 수다에 성급하게 동조하지 않는 것

---

7) 마르쿠스에게 철학을 가르쳐준 선생들로서, 이 철학자들에 대해서는 알려진 바가 없다.

8) 루스티쿠스Rusticus는 스토아학파의 정치가로서, 마르쿠스의 20대 중반부터 가장 많이 지적인 영향을 끼친 인물 중 한 사람으로, 그의 관심을 수사학에서 철학으로 돌려놓고 스토아 철학에 심취하게 하였다. 162년, 마르쿠스 황제 때 두 번째 집정관에 역임되었으며, 그 이듬해에 로마 총독에 임명되었다.

9) 시누엣사Sinuessa는 라티움Latium에 근접해 있는, 비아 아피아Via Appia에 있는 해안도시다.

을 배웠다. 그가 소장한 필사본을 빌려주어 에픽테토스[10]의 『담화록』
도 접할 수 있도록 해주었다.

8. 아폴로니우스[11]에게서 그 어떤 행운에 기대지 않는 도덕적 자유와 한 시時라도 오직 이성적 기준이 아닌 다른 관점을 가지지 않는 것, 갑작스럽게 고통스러운 일이 생기거나 자녀를 잃거나 지병을 앓고 있어도 늘 한결같은 모습을 유지하는 것, 그는 살아 있는 본보기로서 한 사람 안에 격정적인 면과 여유로운 면을 겸비할 수 있는 것을 분명하게 알게 해준 것, 다른 사람들을 가르칠 때 짜증내지 않고 자신의 삶의 경험과 철학적인 통찰력으로 가르치면서도 자신의 그런 재능을 대수롭지 않게 여기는 사람이 있다는 것, 호의를 베푸는 친구에게 타협하지 않으며 거절함에 있어서도 몰지각하게 여겨지지 않도록 하는 법을 배웠다.

9. 섹스투스[12]에게서 온화한 성품으로 가정을 잘 다스리는 가장의 모범적인 모습, 자연을 따라 살아가는 삶의 개념, 꾸미지 않는 자존

---

10) 에픽테토스Epictetos는 마르쿠스에게 가장 지대한 영향을 끼친 철학자이며, 『명상록』에서 그의 말을 자주 인용했다. 그는 자신의 저서를 남기지 않았지만, 그가 강의한 내용을 그의 제자 아리아누스가 편집해서 『담화록』이라는 책을 발간했는데, 여덟 권 중 네 권만이 전해지고 있다.

11) 아폴로니우스Apollonius는 보스포로스 지방의 칼케돈 출신의 스토아 철학자이자 전문 강사이며, 안토니누스 피우스 황제가 마르쿠스를 가르치기 위해 로마로 그를 초빙했다. 마르쿠스는 일부 다른 작가들이 그가 오만하다고 비판한 것에 반대하며 아폴로니우스를 깊이 존경했다.

12) 섹스투스Sextus는 그리스 보이오티아 지방의 카이로네아 출신의 철학자로, 마르쿠스는 황제가 된 후에도 계속해서 그의 강의에 참석했다.

감, 친구들에 대한 이해와 관심, 평범한 사람에게나 지나치게 독선적인 사람에게나 관용을 베푸는 것과 모든 것을 포용할 수 있는 태도를 배웠다. 이로 인하여 사람들은 그와의 대화를 그 어떤 칭찬을 듣는 것보다 더 귀하게 여겼고, 그와 있는 것만으로도 많은 사람에게 존경심을 불러 일으켰다. 또한 그는 삶의 근본적인 원리들을 분명하게 파악하여 그에 대한 체계적인 방안들을 제시해주었다. 그는 분노나 격정의 감정을 조금이라도 겉으로 표출하지 않았고, 인간에 대한 넘치는 사랑으로 격정에서 완전히 자유로웠다. 요란스럽게 칭찬하지 않으며, 해박한 지식의 소유자였으나 자랑하지 않았다.

10. 문법학자인 알렉산드로스[13]에게서 다른 사람의 잘못을 들춰내지 않는 것, 어떤 이가 어휘 사용이나 문법이나 발음에 있어서 문제가 있더라도 중간에 자르지 않고 오히려 그 표현을 문제 삼지 않고 내용을 함께 답하고, 확인하며, 토론해보는 것으로 그런 상황에서는 어떤 표현을 사용하는 것이 가장 적절한지를 알게 하여 재치 있게 고쳐나가는 법을 배웠다.

11. 프론토[14]에게서는 폭군들은 시기심이 많고 변덕스러우며 위선

---

13) 알렉산드로스Alexandros는 문법과 수사학자로, 소아시아 프리기아 지방의 코티아이움 출신이며, 마르쿠스를 가르쳤던 교사 중 한 명이었다.
14) 프론토Fronto는 북아프리카 누미디아 지방의 카르타 출신으로 로마에서 법률가이자 웅변가였으며, 안토니누스 피우스에 의해 임명되어 마르쿠스에게 수사학을 가르쳤다.

적인 특징이 있다는 것과, 귀족이라 불리는 사람들은 대체로 인간애
人間愛가 결핍되어 있다는 것을 알게 되었다.

12. 플라톤학파의 알렉산드로스[15]에게서는 누군가에게 말하거나
편지를 쓸 때 꼭 필요한 경우가 아니면 '내가 너무 바쁘다.'는 말을 좀
처럼 사용하지 않는 것, 사람들과 친구의 관계 속에서 내재하는 의무
들을 바쁘다는 핑계로 회피해서는 안 된다는 것을 배웠다.

13. 카툴루스[16]에게서는 친구가 비판을 하더라도, 설혹 그것이 부
당하게 여겨질지라도 그가 평소의 감정을 되찾을 수 있게 해주려고
힘써야 한다는 것, 도미티우스와 아테노도투스[17]에 대해 기록된 것
처럼, 스승들에게 전심으로 감사를 표하며 자녀들을 진심으로 사랑
해야 한다는 것을 배웠다.

14. 세베루스[18]에게서는 가족에 대한 사랑, 진리와 정의에 대한 사

---

15) 플라톤학파의 알렉산드로스는 소아시아 킬리키아 지방의 셀레우키아 출신으로, 마르쿠스의
헬라어 비서였다.
16) 카툴루스Catullus는 스토아 철학자로서 마르쿠스가 그의 강의에 참석했으나 그 밖에 달리
알려진 바는 없다.
17) 도미티우스Domitius는 마르쿠스의 외가 쪽으로 관계된 인물인 듯하며, 아테노도투스
Athenodotus는 앞에서 언급된 프론토의 스승들 중 한 사람이었다.
18) 세베루스는 아마도 146년에 집정관이었던 그나이우스 클라우디우스 세베루스 아라비아누
스Gnaeus Claudius Severus Arabianus를 가리키는 듯하며, 그의 아들은 마르쿠스의 딸과 결혼
했다. 정치 철학에 조예가 깊은 정치가로 전해진다.

랑을 배웠고, 그로 인해 드라세아와 헬비디우스와 카토와 디온과 브
루투스[19]를 알게 되었으며, 누구에게나 균등한 법률에 대한 방안을
모색하는 것, 평등과 언론의 자유를 바탕으로 한 정부와, 백성의 자
유를 최우선적인 가치로 여기는 군주제에 대한 것을 배우게 되었다.
또한 그에게서 철학에 대해 변함없이 줄기차게 추구하는 것, 선한 일
을 행하고 아낌없이 줄 수 있는 너그러움과 낙천적인 삶의 면모를 보
았다. 친구들이 갖는 애정을 믿고 확신하는 것, 비방하는 자들에게도
솔직한 심정으로 대하는 것, 친구들에게도 자기가 원하고 원치 않는
것을 분명하게 밝혀 쓸모없는 억측을 하지 않게 하는 것을 알게 해주
었다.

15. 막시무스[20]에게서는 자기를 스스로 절제해야 하는 것, 무슨 일
에도 기분에 좌우되어 어떤 영향도 받지 않는 것, 모든 상황이 기쁠
때나 병을 앓을 때에도 온화함과 위엄이 있는 성품을 잘 조화시키는
것, 자신이 해야만 하는 일을 불평 없이 해내는 것을 배웠다. 그가 말

---

19) 트라세아 파이투스Thrasea Paetus는 네로 황제 치하에서 원로원의 자유를 지키려다가 66년
에 자살을 강요당했고, 헬비디우스Helvidius는 트라세아의 사위이며, 베스파시아누스 황제 때
그와 비슷한 독립을 주장하는 일을 하다가 75년에 처형당하였으며, 카토Cato는 확고한 공화주
의자로 기원전 46년에 율리우스 카이사르에게 타프소스 전투에서 패한 후, 항복하기보다는 자
결을 선택했으며, 브루투스Brutus는 카토의 사위로, 기원전 44년에 율리우스 카이사르를 암살
한 인물들 중 한 사람이었고, 그 후, 기원전 42년에 필리피 전투에서 옥타비아누스와 안토니우
스에게 패배하자 자결했다. 그도 나중에 독정에 맞서 로마의 자유를 지킨 승리자로 추앙 받았
다. 디온Dion은 분명하지는 않지만, 플라톤의 제자이자 시라쿠사에서 철인 왕정을 시도하다가
실패하고 기원전 353년에 살해된 자로 보는 경우가 많다.
20) 클라우디우스 막시무스Claudius Maximus는 스토아 철학자이자 원로원 의원이었다.

하는 것과 그가 행한 것들은 선의의 발상에서 행한 것이라는 신뢰를 모든 사람에게 불러일으켰다. 그는 놀라거나 황망한 경우에도 내색하지 않았고, 모든 일을 급히 서두르거나 주저하지 않고 해냈다. 무엇인가 부족한 상황에서도 결코 그만두거나 위축되지 않았고, 다른 한편으로는 화를 내거나 그가 하는 일을 의심하지도 않았다. 그는 용서할 줄 알았고 진실한 성품을 지녔으며, 일을 억지로 하지 않고 주어진 일을 정도를 벗어나지 않고 수행하는 사람이라는 청렴한 인상을 주었다. 그를 만나본 사람들은 어느 누구도 하찮게 여김을 받았다고 생각하지 않았고, 자기가 그보다 더 우수하다고 생각하지도 않았다. 더욱이 그는 유머러스한 재변(才辯)이 있는 사람이었다.

16. 내 양아버지[21]에게서는 온화한 성품과, 충분히 심사숙고해서 내린 결정에 대해서 요동하지 않고 고수해나가는 것, 이른바 명예를 얻고자 헛된 일에 집착하지 않는 것, 일에 대한 지구력과 인내하는 삶, 공익을 위해 무엇인가를 제안하는 거라면 어느 누구의 말이라도 경청할 준비가 되어 있는 것, 누구에게나 공명정대하게 보상하는 것, 경험으로 엄격할 때와 그렇지 않아야 할 때를 아는 것, 소년들에 대한 모든 욕망을 억제하는 것을 보았다.[22] 그는 보통사람들의 예

---

21) 안토니누스 피우스Antoninus Pius 황제로, 하드리아누스 황제에 이어 138년 7월에 황제로 즉위해서 마르쿠스가 제위를 계승한 해인 161년 3월 7일에 사망했다. 안토니누스는 마르쿠스의 조부의 딸과 결혼함으로 사실상 마르쿠스의 삼촌이기도 했다.
22) 동성애가 만연했던 당시의 상황을 엿볼 수 있는 대목이다.

의를 지켰고, 친구들에게도 식사를 같이 하거나 원정에 동행해달라고 강요하지 않았고, 다른 일 때문에 불참하는 경우에도 언제나 같은 모습으로 그들을 대해주었다. 논의할 일이 있을 때에는 신중하게 모든 사안을 세심하게 살폈고, 처음에 만족스런 방안들이 나왔더라도 다시금 검토해 보는 것을 생략하지 않았다. 친구들과 관계를 유지함에 있어서는 싫증을 쉽게 낸다거나 어떤 친구들을 지나치게 편애하는 일이 없었다. 모든 것에 자족할 줄 알았고 항상 평온했다. 멀리 내다보는 선견지명이 있었으며 아주 사소한 일도 복잡하지 않게 처리해나갔다.

그는 자신이 통치하는 동안에 민중들의 갈채와 모든 아부를 경계했고, 나라를 다스리는 일에 끊임없는 주의를 기울였으며, 나라의 재정 관리자로서 손색이 없었으며, 소수의 불평분자에게도 관용을 베푸는 아량을 보였다. 신들에 대해서는 미신적인 두려움에 사로잡히지 않았으며, 지나치게 민중의 편에 서지 않고 아부하는 무리들과는 거리를 두었으며, 모든 일에 진지하고 흐트러짐이 없었으며 저속하거나 신기新奇로운 것에도 끌리지 않았다.

그는 생활의 편리함을 위해 사용하는 것들을—행운이 가져다 준 물질적인 풍요—자랑하거나 미안해하지 않고 즐겼다. 풍족할 때는 필요에 의한 일상적인 일에 사용했고, 부족할 때에도 결코 아쉬워하지 않았다. 어느 누구도 그를 궤변가나 협잡꾼이나 현학자衒學者라고 말하지 않았으며, 그는 아부하는 말들을 멀리하고 자기 자신의 일은 물론 다른 사람들의 일을 도맡아서 처리할 줄 아는 풍부한 지혜와 경력을 지닌 사람이었다.

　더욱이 그는 진정한 철학자들에게 높은 존경심을 가진 한편, 그런 척만 하는 아류亞流에 대해서는 비난도 그렇다고 거기에 동조하지도 않았다. 사교적이었으며 익살스러운 면도 있었지만 지나치지는 않았다. 그는 자신의 몸을 적절하게 돌볼 줄 알았기 때문에 허술하거나 건강을 지나치게 염려하지도 않았으며 또한 방치하지도 않았다. 그러므로 굳이 의사의 진료나 약을 복용하거나 외과적인 처치를 할 필요가 거의 없었다.

　그에게서 더욱 훌륭한 점은 그는 특별한 재능을 지닌 사람들에―수사학이나 법률이나 그 밖의 전문 분야에 있는 자들―진심으로 호응해줄 준비가 되어 있었으며, 또한 그들의 전문직의 명성에 합당한 대우를 받을 수 있도록 적극적으로 도왔다는 것이다. 항상 조상들의 전통을 따라 행하였지만, 전통 보존을 자기를 과시하기 위한 수단으로 삼지는 않았다. 게다가 그는 변화나 기회를 엿보는 삶을 좋아하지 않았고 같은 장소에서 동일한 업무를 보는 것이 습관처럼 몸에 배여 있었다. 심한 편두통에 시달릴 경우에도 이내 다시 몸을 추스르고 활기차게 일상적인 업무를 재개했다. 그는 매사를 비밀리에 처리하지 않고 극히 예외적인 경우들과 국가에 영향을 주는 것에 한해서 기밀을 지켰다. 공식 행사를 하거나 공공 건축을 신축하거나 하사품을 내릴 때는 지나침이 없었고 필요에 의해 신중하게 처리했을 뿐, 그런 일을 함으로써 얻게 될 자신의 영광은 구하지 않았다.

　그는 때를 가리지 않고 목욕하는 일이 없었고, 건물을 짓는 것에 집착하지 않았으며, 음식이나 의복의 소재나 색상에 까다롭지 않았고 노예들의 미모에는 관심을 두지 않았다. 그의 옷은 로리움[23]에 있는 그의 시골 별장에서 보내왔고, 그 외 필요한 자질구레한 대부분의 생필품은 라누비움[24]에서 가져왔다. 그에게 용서를 구한 투스쿨룸[25]의 세금 징수원에게 그가 취한 행동을 보았듯이, 그는 매사에 그런 식으로 처신했다.

그는 가혹하거나 무자비하고 충동적이지 않았으며, 사람들이 그에 대해 '진땀나게 하는' 사람이라고는 결코 말하지 않았다. 그러나 그는 매사를 여유로운 사람이 하는 것처럼, 시간을 들이고 충분히 사고하여 서두르는 법이 없이 체계적이며 활발하고 일관성 있게 처리해 나갔다. 소크라테스[26]에 대한 기록은 그에게도 역시 적용되는 말이었다. 그는 많은 사람이 너무 의지박약해서 자제하지 못하거나 즐기는 일에 지나치게 방종하더라도 그는 자제하지 못하거나 즐기는 일을 조절할 수 있었다. 그가 지닌 강직한 성품이란—어떠한 경우라도 인내하고 맑은 정신을 가질 수 있는—막시무스가 병들었을 때 보여

---

23) 로리움Lorium은 로마 동남쪽에 위치했던 라티움의 소도시로 안토니누스 피우스 황제의 가문의 영지가 있던 곳이며, 161년 그는 이곳에서 사망했다.

24) 라누비움Lanuvium은 라티움에 있는 도시로, 안토니누스 피우스 황제의 출생지다.

25) 투스쿨룸Tusculum은 로마의 남동쪽에 위치한 옛 도시다.

26) 소크라테스Sokrates(기원전 469?~399년)는 고대 그리스 철학의 전성기를 이룩한 인물 중 한 사람으로, 직접 남긴 저작은 없다. 그의 학설의 자료는 그의 제자인 플라톤과 크세노폰에게서 나온 것이며 문답법이라는 독특한 방식을 써서 교육했다. 그 당시 민주주의를 비난하고 신성 모독과 청년들을 타락의 길로 인도한다는 죄목으로 사형에 처해졌으며, 플라톤은 『대화편』에서 소크라테스가 독배를 마시고 의연하게 죽는 장면을 잘 묘사해놓았다.

준 것처럼, 원숙하고 불굴의 정신을 소유한 것을 의미한다.

17. 신들에게서 나는 훌륭한 조상들과 훌륭한 부모, 누이,[27] 스승들, 가족, 친지들, 그리고 친구들을 갖게 되었고, 거의 모든 것을 얻었다. 나는 기회만 있다면 누구에게나 상처를 줄 수 있는 성향을 가진 자였지만 그들 중 어느 누구에게도 기분 상하게 하는 실수를 범하지 않았다. 이는 신들의 은혜로 나에게 그런 기질이 드러날 상황이 조성되지 않았기 때문이다. 내가 내 조부의 첩 밑에서 더 오랜 기간 양육 받지 않고, 순결을 유지하면서 적절한 때가 되기 전에 성적인 경험을 하지 않고 그 시기가 늦추어진 것도 신들의 은혜였다. 한 나라를 통치하는 아버지 밑에서 자라게 된 것도 신들의 은혜였다. 그는 내게서 온갖 자만심을 벗겨주었고, 궁정에서 살면서 호위병이나 호화로운 옷이나 횃불이나 동상 같은 겉치레를 제거하고, 평민과 거의 다를 바 없는 생활을 유지하면서도 얼마든지 한 나라의 군주로서 품위를 지키며 열의를 다하여 공익을 위해 통치자의 책임을 다할 수 있다는 사실을 알게 해주었다.

내 자신을 돌아보고 반성할 수 있도록 훌륭한 성품을 지닌 아우[28]

---

27) 안니아 코르니피키아Annia Cornificia는 마르쿠스의 두 살 아래인 유일한 누이로서, 마르쿠스는 그녀에게 부모의 유산을 다 물려주었다. 그녀는 152년 서른이 안 된 나이로 두 자녀를 남긴 채 숙었다.

28) 루키우스 베루스Lucius Verus로 마르쿠스와 함께 안토니누스의 양자였다. 마르쿠스가 즉위한 후 그를 공동 황제로 삼았으며 마르쿠스의 장녀인 루킬라와 결혼하지만, 169년 39세의 젊은 나이로 죽었다. 그에 대한 평가는 좋지 않게 전해지고 있다.

가 있다는 것은 나에게 축복이었다. 그는 존경과 애정으로 나를 기쁘게 해주었다. 나의 자녀들[29]이 지능 면에서나 신체적으로나 부족함이 없어서 신들에게 감사한다. 내가 수사학이나 시학과 그 밖의 다른 학문에서 진전이 없어 거기에 탐닉하지 않게 된 것을 신들에게 감사한다. 나의 스승들을 젊다는 이유만으로 관직을 주는 것을 미루지 않고 그들이 원하는 관직에 서둘러 앉힌 것을 신들에게 감사한다. 내가 아폴로니우스와 루스티쿠스와 막시무스를 알게 된 것도 신들에게 감사한다.

자연에 순응하는 삶[30]의 의미가 무엇인지에 대해 명료하고 끊임없이 계시해주신 신들에게 감사한다. 또한 신들의 보살핌과 도움과 영감으로 인하여 지금 내게서 자연에 순응하는 삶을 방해하는 것은 아무것도 없으나, 내가 여전히 부족하여 그런 삶에 미치지 못했던 것은 신들의 가르침에 전적으로 따라 살지 못했기 때문이다.

내 육신이 내가 이러한 삶을 살도록 오랜 기간을 지탱하도록 해주신 신들에게 감사한다. 베네딕타나 테오도토스[31]를 결코 희롱의 대상으로 삼지 않고, 심지어 내가 나중에 욕정에 사로잡혔을 때에도 신

---

29) 마르쿠스는 파우스티나Faustina와 145년에 결혼해서 아들 쌍둥이 두 쌍을 포함해서 14명의 자녀를 두었는데, 그중 7명(아들 6명과 딸 1명)은 유아기 때나 어린 시절에 죽었다. 마르쿠스가 180년에 사망할 때에는 당시 18세이며 황제의 위를 계승받은 코모두스Commodus만이 유일하게 생존해 있었다. 그는 황제가 된 후 아버지와 달리 폭정을 일삼다가 192년에 암살당하고 말았다. 4세기의 저술가 아우소니우스Ausonius는 '마르쿠스가 자기 국가에 끼친 단 한 가지의 해악은 아들을 둔 것이었다.'는 글을 남겼다.

30) 자연에 순응하는 삶은 스토아 철학의 이상이자 『명상록』에서 가장 기본이 되는 주제다.

31) 베네딕타와 테오도토스는 알려진 바가 없으나, 안토니누스의 집안의 노예들로 추정된다.

속하게 빠져나올 수 있게 하신 신들에게 감사한다. 루스티쿠스에게
는 자주 화를 내는 편이었지만 나중에 후회할 짓을 하지 않은 것, 내
어머니는 젊은 나이에 돌아가셨지만 적어도 말년을 나와 함께 보내
게 해주신 신들에게 감사한다.

　재정적으로 빈궁하거나 그 밖에 다른 어떤 필요에 의해 도움을 구
하는 사람들을 돕기를 원할 때마다 내게는 제공할 만한 돈이 없다는
말을 한 번도 하지 않을 수 있었던 것, 내 자신은 다른 사람에게 제
정적인 도움을 받아야 하는 그런 처지에 놓인 적이 한 번도 없었다
는 것, 아주 순종적이며 사랑스러우며 꾸밈이 없는 아내를 만나게 된
것, 나의 자녀들에게 훌륭한 스승들의 가르침을 배우게 하신 신들에
게 감사한다.

　꿈을 통해서 도움을 받은 것, 특히 각혈과 현기증에 대한 치료법을
알려주신 것을 신들에게 감사한다. 카이에타[32]에서 '네 자신을 사용
하기에 달려있다.'는 신탁을 들은 것과, 철학에 마음을 쏟았을 때 그
어떤 궤변가의 말에 빠지지 않았고, 문학에 대한 연구나 논리학에 내
시간을 쓰지 않고 천문을 관측하는 데 분주하게 굴지도 않은 것에 대
해 신들에게 감사한다. 이 모든 일은 신들과 행운의 도움을 필요로
하기 때문이다.

---

32) 카이에타Caieta는 아폴로 신전이 있던 곳으로, 로마에서 남동쪽으로 대략 75마일쯤 떨어진
라티움 지방의 항구도시다.

제 **2** 권

그라누아 강변, 콰디족의 마을에서 쓰다.[33]

1. 아침에 제일 먼저 네 자신에게 말하라.[34] '나는 오늘도 남의 일에 지나치게 간섭하는 사람, 배은망덕한 사람, 거만한 사람, 신뢰할 수 없는 사람, 시기심이 많은 사람, 비사교적인 사람을 만나게 될 것이다.'라고. 하지만 그들의 그러한 행악은 선악에 대한 무지로 인하여 비롯된 것이다. 나는 선의 본성은 옳다고 보고, 악의 본성은 잘못

---

33) 그라누아Granua는 오늘날 그란Gran 강으로 다뉴브 강의 북쪽 지류이며, 헝가리 북부에 있는 도시 에스테르곰Esztergom에서 합류한다. 콰디Quadi족은 170년 초에 마르쿠스가 그들에 대항해 군사 작전을 폈으며, 오늘날 슬로바키아 다뉴브 강 북부의 게르만 부족을 말한다.

34) 마르쿠스는 이른 아침 명상을 위해, 혹은 다가오는 날을 준비하기 위해 자신에게 여러 차례 권고하면서 자신에게 잠에서 깨어날 것을 촉구한다. 말년에 그는 심한 불면증에 시달렸다.

된 것을 의미한다고 본다. 그리고 그들, 곧 죄의 본성을 지닌 자들이 나와 닮은 점이 있다고 비춰지는 것은 혈연과 종족 관계에서가 아니라, 그들도 나와 같은 정신mind과 신성divinity에 대한 파편을 지녔다는 것이다. 그러므로 나는 그들 가운데 누구에게도 해를 받을 수 없는 것은 그들이 나를 그들의 잘못된 길로 끌어들일 수 없기 때문이다. 나 또한 동족인 그들에게 화를 내거나 미워할 수는 없다. 우리는 양 발과 양 손, 두 눈꺼풀과 윗니와 아랫니 같이 서로 돕고 협력하기 위해 태어났다. 따라서 서로 대립하는 것은 본성을 거스르는 것이요, 그리고 화내고 반목하는 것은 서로 대립하는 것이다.

2. 나라는 존재가 누구든, 나는 육신과 호흡과 이 둘을 지배하는 정신으로 이루어진 존재다.[35] 육신에 대한 애착을 버려라. 육신은 단지 피와 뼈, 그리고 신경과 정맥과 동맥이 서로 망처럼 얽혀 있는 조직에 불과한 것이다. 또 호흡에 대해 생각해보라. 그것은 공기를, 언제나 같은 공기가 아닌 것으로, 매 순간마다 내쉬고 다시 들이마시는 것이다. 세 번째 남아있는 부분은 이 둘을 지배하는 정신이다. 네가 보던 책들을 멀리 치워라. 더 이상 갈망하지 말라. 너에게 주어진 것이 아니다. 그리고 마치 죽음의 시점에 이른 것처럼 생각해보라. 이처럼, '너는 노인이라,'[36] 그리하여 너의 지배적 정신으로 이제 더 이

---

35) 마르쿠스는 인간이 육신, 호흡, 정신, 세 부분으로 구성되어 있다고 보고 있다.
36) 이 『명상록』은 마르쿠스가 50대 무렵 십년 동안 쓴 것으로 추정되며, 그는 180년 3월에 59세가 되던 해에 타계했다.

상 노예가 되지 말게 하라. 더 이상 이기적인 충동에 매여서 끌려 다니지 말게 하라. 더 이상 너의 현재와 미래에 닥칠 운명에 대해 불안해하지 않게 하라.'

3. 신들이 하는 일들에는 섭리로 가득 차 있다. 그리고 운명이 하는 일들은 자연에서 벗어나 있는 것이 아니라 섭리에 의해 좌우되는 맥락脈絡으로 서로 맞물리어 짜여 있다. 만물은 그곳에서 흘러나온다. 필연적인 요인들도, 네가 속해 있는 우주가 주는 온갖 혜택도 그곳에서 나온다. 우주의 본성이 가져다주는 혜택들이 자연의 모든 부분에 작용하며, 그것으로 인해 자연은 보존된다. 우주의 질서는 원소들의 변화와 그것의 화합물들의 변화에 의해 보존된다. 이것이야말로 네가 만족할 수 있는 원리이며, 항상 이 원리를 너의 신조로 삼아라. 불평하면서 죽고 싶지 않다면, 책에 대한 갈망을 버리고 신들의 은혜에 진심 어린 감사의 마음을 가져라.

4. 너는 이런 깨달음에 대하여 얼마나 미루어 왔으며, 신들의 은총이 상당 기간 이어졌음에도 그러한 때를 속절없이 흘려보내고 말았는지 기억해보라. 하지만 이제는 정녕 네가 속해 있는 우주에 대해서, 그리고 또 우주의 지배자의 입김으로 네가 조성되었다는 것과, 그리고 너의 시간은 그 한계가 정해져 있다는 것을 알아야 할 때가 왔다. 자, 이제 무지의 어두움을 걷어내고 네게 남아있는 시간을 활용하라. 그렇게 하지 않으면 시간은 이내 지나갈 것이며, 너 또한 갈

것이며, 그런 기회는 다시는 돌아오지 않게 될 것이다.

5. 하루의 매 시간마다 주의를 기울여서, 로마인으로서 그리고 남자로서, 정확한 분석력과 꾸밈없는 위엄과 인간에 대한 애정과 흔들림 없는 정의에 입각해서 자신에게 맡겨진 책무를 수행하고, 그 외다른 잡념들에서 벗어나라. 그리고 마치 그 일이 이 땅에서 네가 하는 마지막 일인 것처럼 한다면, 목적의식의 결핍, 모든 열정, 사고의틀, 가식, 자만심과 너의 운명에 대한 불만에서 벗어나 자유로움을얻게 될 것이다. 너는 사람들에게 신에 대한 경건한 삶을 위해 요구되는 사항이 얼마 되지 않는다는 것을 안다. 이 작은 것들을 준행하는 자에게는 신들도 더 이상의 요구를 하지 않는다.

6. 자학하는, 오, 나의 혼^{soul}이여, 너는 네 자신을 스스로 학대하고있는가, 그렇게 함으로써 네 자신이 존귀하게 될 기회마저 스스로 없애고 있구나. 우리의 인생은 한낱 한순간에 불과하고, 너희들의 인생도 거의 지나가고 있지 않은가. 그런데도 너는 여전히 스스로 네 자신의 영광을 드러내보이기는커녕 다른 사람들의 평판에 의지해서 네행복을 찾고 있는가.

7. 너는 외부에서 일어나는 일들로 인해 요동하는가? 그런 곳에시간을 허비하지 말고, 네게 유익한 일들을 배우는 데 시간을 할애하고, 이리저리 방랑하는 것을 멈추라. 그렇게 행한 후에도 정처 없는

또 다른 부류에 대항해서 자신을 지켜야 한다. 목표도 없이 매사에 충동적이며 과장된 생각을 하는 자는 말과 행동이 다 헛된 것이다.

8. 다른 사람의 마음속에서 일어나고 있는 일을 간파하지 못하여 사람이 불행해지는 경우는 거의 없지만, 자신의 마음의 움직임에 주의를 기울이지 않는 사람은 반드시 불행해진다.

9. 우주의 본성은 무엇이며, 내 자신의 본성은 무엇인지, 그리고 그 본성은 어떤 관계를 이루며, 나의 본성은 우주의 본성의 어느 유형의 어느 부분에 해당하는지, 이것을 항상 유념하라. 그리고 네가 말하고 행하는 모든 것을 네가 속한 우주의 본성을 따라 지켜나가면 너를 방해할 수 있는 자는 존재하지 않는다.

10. 테오프라스토스[37]는 여러 가지 악행에 대해서 일반적인 사람들의 관점을 철학적으로 비교 분석을 하여, 욕망으로 저지른 잘못이 분노로 저지른 잘못보다 더 중대한 악행이라고 말했다. 사람이 분노할 때에는 이성을 잃게 되는 것으로 인해 분명히 어떤 고통이 수반되는 것으로써 자신도 알지 못하는 심한 고통에 사로잡히는 것이지만, 욕망으로 인한 악행은 쾌락에 사로잡혀서 더 많이 이성적인 것을 상

---

37) 테오프라스토스Theophrastos(기원전 370~287년경)은 박식한 인물로 그리스의 철학자이자 과학자였으며, 아리스토텔레스의 문하생이자 후임자였다.

실하며 그 범법 행위가 남자답지 못하기 때문이다. 그러므로 테오프라스토스는 진정한 철학자답게 쾌락의 영향으로 저지르는 악행은 고통의 영향으로 저지르는 악행보다 더 큰 비난을 받아야 마땅하다는 결론을 내렸다. 일반적으로 분노로 인해 악행을 저지르는 사람은 화를 낼 수밖에 없는 외부의 요인으로 충동적인 상황에서 자신에게 피해를 끼친 것이고, 욕망으로 인해 잘못을 저지르는 사람은 자신의 욕망에 사로잡혀서 바로 자신이 악행의 근원이 된 것으로 볼 수 있다.

11. 너는 어느 순간에 삶에서 떠나갈 수도 있다는 것을 염두에 두고 모든 것을 행하고 말하고 생각하라. 신들이 존재한다면 세상을 떠나는 것은 두려운 일이 아니니, 신들은 네가 해를 입도록 내버려두지 않기 때문이다. 만약 신들이 존재하지 않거나 인간사에 관여하지 않는다면, 신들의 섭리도 전혀 찾아볼 수 없는 이 세상에서의 나의 삶이 무슨 의미가 있겠는가? 그러나 신들은 존재하며, 우리의 모든 일에 관여하고, 진실로 해로운 구렁에 빠지지 않을 수 있는 능력을 우리들에게 부여했다. 그 밖의 어떤 경험하지 못한 해악이 있더라도, 신들은 우리 모두의 능력으로 거기에 빠지지 않도록 모든 것을 제공했을 것이다. 그 어떤 것도 인간에게 해악을 끼칠 수 없다면, 어떻게 인간의 삶이 더 해롭게 될 수 있겠는가?
　우주의 본성이 이 모든 것에 관여하지 않는 것처럼 보이는 것은, 무지하거나 그것을 방지하고 바로잡을 지식이 수반되지 못한 것이 아니다. 또한 우주의 본성이 능력이나 기량이 부족하여 선악간의 모든 일이 선한 자들과 악한 자들에게 차별 없이 모든 사람에게 일어나는 것이 아니다. 그렇다. 죽음과 삶, 명예와 불명예, 고통과 기쁨, 풍요와 빈곤, 이 모든 것은 선하거나 악하거나 상관없이 오며, 그러나 그것들로 인해 사람이 의롭게 되거나 잘못되는 것이 아니며 사람이 본질적으로 선하고 악하게 되는 것도 아니다.

12. 얼마나 신속하게 모든 것이 사라지는가. 우리의 몸은 물질세계로 사라지고, 기억은 시간 속으로 사라진다. 감각적인 모든 대상의 본질들—특히 우리를 쾌락으로 유혹한다거나 고통으로 두렵게 한다거나 헛된 박수갈채에 열광하는 이 모든 것은 얼마나 하찮은 것들인가, 얼마나 경멸해야 하며 부당하고 죽어 없어져야 할 것들인가. 이러한 문제들은 우리의 지적인 사고의 능력으로 다루어져야 한다. 사람들을 비판하고 목소리를 높이며 존귀한 것을 부인하는 자들에 대해서도 알아야 한다.   또한 죽음이란 무엇인가? 죽음 그 자체로만, 그에 대한 모든 선입관념을 벗어던지고 사고의 분석력에 입각하여 바라보면, 우리는 죽음이라는 것은 하나의 자연의 작용에 불과하다는 것을 알 수 있다. 그러한 자연의 작용에 대해서 두려움을 갖는다면 그는 한낱 어린아이에 불과하다. 사실 죽음은 자연이 하는 하나의 작용일 뿐만 아니라 자연에게도 유익을 주는 일이다.

더 나아가 인간이 어떻게 신과 교통할 수 있는지, 그리고 그의 존재의 어느 부분으로 교통하며, 그리고 교통하는 그 부분이 어떤 기질의 부류에 해당하는가에 대해서도 알아야 한다.

13. 세상을 돌아다니며 온갖 것들을 다 섭렵하고, 시인인 핀다로스[38]가 '땅 속 가장 깊은 곳까지 파헤치다.'라고 말한 것처럼, 다른 사람들의 정신세계의 은밀한 곳까지 알려고 애쓰는 자보다 더 비참한 사람은 없다. 그는 자신의 내면에 존재하는 신성에 무게를 두고 그로 인한 참된 섬김만으로도 족하다는 것을 깨닫지 못한 것이다. 참된 섬김은 쓸데없는 열정과 온갖 잡다한 것들과 신들과 인간 사이에 오가는 모든 불만으로부터 우리를 오염되지 않도록 지키는 것이다. 신들에게서 오는 것들은 우리에게 그지없이 이롭기 때문에 숭배할 만하다. 하지만 인간에게서 오는 것들은 연대감으로서 서로 간에 유익을 주는 것은 환영할 만하나, 어떤 면에서 때때로 보잘것없이 여겨질 수밖에 없는 것은 인간은 무지로 인하여 선악을 분별하지 못하기 때문이다. 이는 빛과 어두움의 차이에서 오는 간격만큼이나 인간이 갖고 있는 부족한 점이다.

14. 비록 네가 삼천 년, 아니 그것의 열 배나 더 오래 산다고 하더라도, 현재의 삶이 아닌 어떤 다른 날의 삶을 잃는 것이 아니고, 현재의 삶 외에는 어떤 다른 날의 삶을 사는 것이 아닌 것에 유념하라. 이는 인생이 아무리 길거나 아무리 짧거나 간에 늘 변함없이 이어진다. 현재라는 순간은 누구에게나 동일하며, 지나가는 순간도 역시 누구

---

38) 핀다로스Pindaros(기원전 518~438년)는 그리스의 서정시인이며, 그리스의 경기 승리가의 시를 지어 최대의 합창가 시인으로도 알려져 있다.

에게나 같다. 그러므로 잃어버린 순간은 시간의 가장 작은 파편에 불과한 것이다. 어느 누구도 과거나 미래를 잃어버릴 수는 없다. 어느 누구가 소유하지 않은 것을 빼앗길 수 있겠는가.

그러므로 이 두 가지를 항상 유념해야 한다. 첫째는 영원으로부터 오는 모든 것은 항상 동일하며 반복적 순환의 연속이라, 누군가 이를 백 년을 보든지 이백 년을 보든지 무한대의 시간을 가지고 보든지 그 동일한 것에는 차이가 없다는 것이다. 둘째는 가장 오래 산 자나 가장 일찍 죽는 자나 잃는 것은 매한가지라는 것이다. 그것은 단지 그가 직면한 현재의 순간만을 빼앗기는 것이다. 그 순간이 그가 소유한 전부라면, 그가 소유하지 않은 것은 잃을 수도 없다.

15. '모든 것은 생각하기에 달려있다.'는 말은 누군가가 견유학파 철학자인 모니무스[39]를 빗대어 한 말이며, 그의 말이 진실인 한에는, 이 말 속의 핵심을 취한다면 그 말의 가치는 너무나 분명해진다.

16. 인간의 혼이 스스로 자신에게 해를 끼치는 경우가 있는데, 그 첫째는 우주의 종양이 되어 우주와 분리되어 살아갈 때다. 이때 발생하는 일련의 일들은 다른 모든 것의 특정한 본성을 포용하며 전체를 다스리는 우주의 본성에 대한 반발로써, 그 본성에서 스스로 분리되

---

39) 모니무스Monimus는 기원전 4세기 견유학파에 속한 철학자이자 디오게네스Diogenes의 제자였다.

어 비롯된 것이다. 둘째는 어떤 사람을 외면하거나 분노에 사로잡혀 의도적으로 해를 입히기 위해 적대적 위치에 설 때이다. 자신의 혼을 해치는 세 번째 경우는 쾌락과 고통에 자신이 굴복되었을 때이다. 넷째로 언제나 속임수로 거짓과 허위로 행하거나 말할 때이다. 다섯째는 언제나 정해진 목표를 따라 행하지 않고 아무런 목적의식을 갖지 않고 무작정 행할 때이다. 가장 사소한 일일지라도 그 목적과 연관되어 행해져야 한다. 이성적인 피조물의 목적은 가장 신망이 있는 통치 국가의 전형인, 곧 우주의 이성과 율법을 따르는 것이다.

17. 인간의 삶에서 주어진 시간은 한낱 순간에 불과하고, 존재는 끊임없이 유동적이며, 통찰력은 혼돈에 싸여있고, 모든 육체는 썩을 것으로 구성되어 있으며, 정신은 한군데 정착하지 못하고, 운명은 예측 불가능하며, 명성도 불확실하다. 즉 육신에 속한 모든 것은 강물 같이 흘러가버리고, 정신에 속한 모든 것은 꿈이고 망상이다. 인생은 전쟁이요, 나그네의 삶이다. 그리고 망각이라는 최후의 명성을 얻는다.

그렇다면 무엇이 우리의 길을 호위할 수 있을까? 한 가지 일, 오직 단 한 가지의 일은 철학이다. 철학은 우리 안에 있는 신성이 해악으로부터 존중되고 자유로울 수 있도록 지켜주고, 쾌락과 고통을 제어하며, 목적이 결여되어 있고 진실성이 없으며 온전하다고 여기지 않는 일을 하지 않게 하고, 다른 사람의 행동에 좌우되지 않고 독립적인 자세를 유지시킨다. 게다가 우리에게 일어나거나 할당된 모든 것은 우리 자신의 근원인 바로 그곳에서 비롯된 것으로 받아들이게 해주며, 그리고 언제나 죽음이란 모든 살아 있는 피조물을 구성하고 있는 원소들이 해체되는 것 이외에 다른 어떤 것도 아니라는 즐거운 확신 속에서 기다릴 수 있게 해준다. 그 원소들 자체가 다른 것으로 끊임없는 변화하는 것이 두려운 일이 아니라면, 왜 인간은 원소들의 변화와 해체를 불안해 하는가? 죽음은 자연의 본성에 따르는 것이요, 자연의 본성에 따르는 것에는 해로움이 없다.

제 3 권

카르눈툼에서 쓰다.[40]

1. 인간의 삶은 매일 매일을 소비하는 삶이고, 남은 날들은 나날이 줄어들고 있다는 생각만 할 것이 아니라, 아울러 만약 더 오래 살게 된다면, 자신의 정신이 한결 같은 이해력과 신과 인간의 일들에 관한 지식이 유지된다는 보장도 없다는 것도 생각해야 한다. 사람은 치매가 시작되어도 호흡과 식사, 상상력과 욕구와 같은 기능들은 상실되지 않더라도, 그 이전에 자기 자신을 적절하게 관리하고, 의무에 대한 정확한 평가와, 상황에 대처하는 분석력과, 언제 이생의 삶을 마

---

40) 카르눈툼Carnuntum은 오늘날 오스트리아의 수도 빈에서 동쪽으로 40킬로미터 떨어진 하인부르크로, 170년대 초기 마르쿠스가 북부 지역의 군사 요충지로 삼았던 곳이다.

감해야 되는지에 대한 깨달음과 같은 훈련된 추정 능력에 전적으로 의지하는 모든 것은 더 일찍 소멸된다. 그러므로 서둘러 이러한 것들을 감지하고 죽음에 대해서도 밀도 있게 접근해야 한다. 세상에 대한 우리의 이해력과 우리가 적절한 곳에 관심을 쏟을 수 있는 능력이 우리가 실행하기도 전에 사라질 수 있기 때문이다.

2. 우리는 또한 자연의 작용으로 인한 부수적인 산물産物들에도 그들 고유의 매력과 끄는 힘이 있다는 것을 알고, 그러한 것들에도 관심을 가져야 한다. 구운 빵을 예로 들어보면, 덩이가 분열되어 여기저기 갈라지고 여러 군데 틈이 생기면, 어떤 의미에서는 제빵사의 실수로 볼 수 있지만, 왠지 사람의 눈길을 끌며 식욕을 돋우는 독특한 자극을 준다. 무화과도 이와 같이 충분히 완숙되었을 때 벌어지고, 감람나무의 열매는 나무 위에서 무르익어 썩기 바로 직전에 특유의 아름다움을 선사한다. 이와 비슷한 것으로 땅을 향해 끄덕이는 옥수수, 사자의 주름 잡힌 이마, 멧돼지의 입에서 쏟아내는 거품, 그 밖에 많은 것은 별개로 놓고 보았을 때 아름다움과는 거리가 멀지만, 이는 자연의 작용으로 생겨난 결과물로써, 그것들을 향상시키고 거기에 끌리도록 매력을 부여해준 것이다. 우주의 운행에 대한 감각과 깊은 통찰력을 지닌 사람은 그 부수적인 산물들을 포함해서, 그 일어나는 모든 현상現像에서 즐거움을 얻게 될 것이다. 그런 사람은 야생 동물의 으르렁대는 실제의 모습에서도 화가와 조각가가 모방해서 묘사한 모든 것에 못지않게 감흥을 얻게 될 것이며, 노인에게서도 화사

하고 성숙한 아름다움 같은 것을 보게 될 것이며, 젊은이에게서도 청춘의 매력을 순수한 눈으로 바라볼 수 있을 것이다. 이러한 것들은 모두가 다 같이 나눌 수 있는 것은 아니며, 자연과 그 작용에 대해 진심 어린 친밀감으로 다가선 자들만이 느낄 수 있게 될 것이다.

3. 히포크라테스[41]는 많은 병을 치료하였지만 그 자신도 병이 들어 죽었다. 칼다이오이족[42]의 점성술사들은 많은 사람의 죽음에 대해 예언했으나, 그들도 정해진 운명은 피하지 못했다. 알렉산드로스, 폼페이우스, 율리우스 카이사르[43]는 빈번하게 그 모든 도시를 진멸하고 전쟁터에서 수많은 기병과 보병들을 살육하였지만, 그들에게도 역시 생을 마감해야 하는 순간은 찾아왔다. 헤라클레이토스[44]는 오랫동안 우주의 대화재로 인한 멸망을 예측했지만, 그의 몸에는 수종으로 인한 물이 가득차서 몸에 온통 쇠똥을 바른 채 죽었다.[45] 데모크리토스[46]는 해충에 물려 죽었고, 또 다른 종류의 해충이 소크라테

---

41) 히포크라테스Hippokrates(기원전 460~370년경)는 소크라테스와 동시대의 의사로서, '의학의 아버지'로 존경받던 그에 대해 알려진 바는 거의 없다.

42) 칼다이오이Chaldaioi족은 바빌로니아인들을 말한다.

43) 알렉산드로스Alexandros 대왕(기원전 356~323년), 폼페이우스Pompeius(기원전 106~48년), 율리우스 카이사르Julius Caesar(기원전 100~44년)는 걸출한 군통수권자의 전형적인 인물들이었다.

44) 헤라클레이토스Herakleitos(기원전 540~480년경)는 소크라테스 이전의 그리스 철학자들 중 한 사람이었다.

45) 고대에는 쇠똥을 몸에 바르고 불을 붙여 몸속에 가득찬 물을 제거하는 치료법을 썼다.

46) 데모크리토스Demokritos(기원전 460~357년경)는 트라케 지방 아브데라 출신의 철학자로 원자론을 주장했다.

스도 죽였다.[47] 그러면 이러한 것들은 무엇을 의미하는 것인가. 너는 배를 타고 출항하여 항구에 도달했다. 이제 육지에 오르라.[48] 또 다른 삶을 향해서 간다면 그 당도한 육지에도 신들은 엄연히 존재한다. 네 자신이 아무것도 의식하지 못하는 상태에 이르게 되면, 네게는 고통과 즐거움이 그치고 더 이상 우월한 것이 종이 되어 열등한 것을 섬기는 육체의 노예가 되지 않을 것이다. 우월한 것은 정신과 신성이요, 열등한 것은 진흙과 피에 불과하다.

　4. 공익을 도모하기 위한 생각이 아니라면, 다른 사람들에 관한 생각으로 너의 여생을 허비하지 말라. 왜 다른 일에 쏟아야 할 시간을 빼앗기고 있는가? 다시 말해 다른 사람은 무엇을 하고 왜 하는가, 그가 무엇을 말하고 생각하고 계획하는가 하는 그런 생각들은, 너를 산만하게 해서 너를 지배하는 정신이 집중력을 잃게 되는 것이다.

　이어지는 생각 속에서 너는 잡념이나 목적의식이 없는 것이나, 특정한 일에 갖는 호기심이나 악의적인 모든 것을 피해야 한다. '너는 지금 무슨 생각을 하느냐?'는 갑작스런 질문에 '이건 이렇고, 그건 그렇고, 저건 저렇다.'고 솔직하게 즉시 대답할 수 있는 그런 생각만을 하도록 네 자신을 훈련하라. 그렇게 하면 사회적 존재로서 무가치한

47) 또 다른 종류의 해충은 기원전 399년에 소크라테스에게 사형을 선고한 아테네의 배심원들을 일컫는 말인 듯하다.
48) 마르쿠스는 인간의 탄생과 죽음을 배를 타고 출항하여 항해를 거쳐 또 다른 육지에 당도하는 것으로 묘사하고 있다. 이는 『명상록』 전반에 걸쳐 주요한 주제이기도 하다.

생각들, 곧 쾌락이나 방종이나 다툼이나 악의나 불신 같은 것들과 네 생각 속에 있는 것을 자백했을 때 수치스럽게 여기는 그 밖의 다른 생각들은 하지 않는다는 것이 솔직하고 다정한 너의 대답에서 확연하게 드러날 것이다.

가장 선한 자들 가운데 그의 자리를 마련하는 것을 지체하지 않는, 그와 같은 사람은 어떤 면으로나 신의 사제요 종이다. 그는 그의 안에 내재한 신성에 반응한다. 그런 사람은 쾌락에도 더럽혀지지 않고, 어떤 고통에도 해를 입지 않으며, 어떤 해악에도 손상되지 않고, 어떤 악의에도 개의치 않으며, 가장 위대한 싸움에 투사가 되어 어떤 열정에도 굴하지 않고, 정의감에 젖어있으며, 자기에게 할당된 모든 일을 온 마음으로 받아들이는 자이다. 어쩌다가 공익을 위해 절실히 필요할 때에만 다른 사람들이 무엇을 말하고 행하며 그들의 의중^{意中}은 무엇인지를 생각한다. 그는 오로지 자신이 해야 할 일들에 끊임없는 주의를 기울여서 우주에서 자기의 몫으로 정해진 일들을 수행한다. 또한 자신의 일을 훌륭하게 수행하며, 자신에게 주어진 일들은 선하다고 확신한다. 그리고 몫이 정해진 각 사람 모두가 그와 함께 동승한 자들이며 운행자들이라고 생각한다.

그러한 사람은 항상 모든 이성적인 존재에 대해 동료의식을 지니고, 인간의 본성에 따라 모든 사람을 보살펴야 한다는 생각을 한다. 그러나 그는 본성에 따라 사는 자들에 한해서일 뿐 모든 사람의 의견을 다 수용하지는 않는다. 그는 늘 본성을 따라 살지 않는 자들이 무슨 부류에 속한 자들인지, 그들은 집안에서와 집밖에서 무엇을 하는지, 또는 밤이나 낮에 어떤 친구들과 불결한 일들을 행하는지에 유념한다. 그들은 그들 스스로에게조차 만족하지 못하는 존재일 뿐만 아니라, 그들에게 받는 칭찬조차도 일고 ⁻ᵇ의 가치도 없는 것이다.

5. 너는 일을 마지못해 하거나, 이기적이거나, 비판의 여지를 두지 않거나, 충동적으로 행하지 말라. 너의 생각에 화려한 보석과 옷을 입히지 말라. 수다스럽거나 남의 일에 참견하는 자가 되지 말라. 네 안에 있는 신이 너를 이끌어나가게 하여, 남자로서 원숙한 성인으로서 정치인으로서 로마인으로서 통치자로서 네 존재가 승리자가 되게 하라. 그는 퇴각하라는 명령을 기다리는 군인과 같이 그의 삶에서 물러가라는 소리가 들리면 떠나갈 준비를 하며 그 어떤 충성 맹세나 증언도 필요로 하지 않는다. 늘 쾌활한 태도를 가지며 외부의 도움이나 다른 사람이 주는 평안으로부터 독립적인 자세를 유지하라. 네가 할 일은 네 스스로 바르게 서는 것이며, 남에 의해 세워지는 것이 아니다.

6. 인간의 삶에서 정의나 진리, 절제와 용기보다 더 선한 것, 요컨대 네가 모든 일에서 참된 이성과 일치하는 행동을 할 수 있는 것과 전혀 너의 선택 밖에서 주어진 운명을 받아들임으로 네 자신이 정신적으로 스스로 만족할 수 있는 그런 일보다 더 선한 일을 찾을 수 있다면, 너는 돌이켜 네 온 마음을 다해서 네가 찾은 최상의 것을 즐겨라.

하지만 네 안에 내재한 신성, 즉 너의 온갖 욕망을 다스리고 너의 생각들을 면밀히 조사하며, 소크라테스의 말처럼 감각의 모든 유혹을 물리치고 오직 신들에게 그 자신을 내어주고 사람들을 소중히 여기는 신성보다 더 선한 것을 찾아볼 수 없고, 그 밖의 모든 것이 신성에 비해 작고 보잘것없는 것들이라는 것을 알게 되었다면, 너는 그 어떤 다른 것에도 네 마음의 자리를 내주지 말라. 만일 네가 다른 것들에 돌이켜 마음이 끌리게 되면, 이후 온전히 너의 것이고 유일하게 너의 것인 지극히 선한 것을 회복하기 위해서는 고군분투해야 할 것이다. 이성적이고 사회적으로 가장 선한 것을 순서를 바꾸어서 대중적 인기몰이나 권력이나 부요나 쾌락을 추구하는 그런 다른 것들과 비교하는 것은 옳지 않기 때문이다. 이 모든 것은 잠시 동안 어울리는 것처럼 보일지라도 갑자기 너를 지배하며 어디론가 너를 휩쓸어 갈 것이다. 다시 말하건대, 더 선한 것을 단순하고 자유롭게 선택해서 굳게 붙잡아야 한다. '더 선한 것이 네게 유익한 것이다.' 이성적인 존재로서의 네게 유익한 것이라면, 그것을 취하라. 단순하게 동물적인 너에게 유익하다면, 그것을 거절하라. 자만하지 않고 너의 판단을 굳건히 하라. 오직 온전해지도록 철저히 검토하라.

7. 너에게 강요되는 어떤 일로 어느 순간에 너의 신의를 저버리거나, 너의 온전함을 뒤로 하거나, 다른 사람을 미워하고 의심하고 저주하고, 가식적이며, 장벽으로 가리는 비밀스런 것을 탐하는 일들을 결코 네 자신에게 유익한 것으로 여기지 말라. 자기 자신의 정신과

신성을 최우선시하는 자는 그의 안에 있는 신들의 탁월함을 섬기며, 그의 삶을 극적으로 만들지도 않으며, 절망적이지 않으며, 혼자 있거나 많은 무리 속에 있거나에 대한 갈망도 없다. 무엇보다도 그는 어떤 것에 집착하거나 회피하는 삶을 살지 않게 될 것이며, 자신의 영혼을 감싸는 육신의 사는 날이 더 길거나 짧거나에 별 의미를 두지 않는다. 비록 당장 이 세상을 떠나야 한다고 해도, 마치 다른 일들을 수행하는 것처럼 성실하고 품위 있게 편안히 떠나갈 것이다. 그는 일생 동안 그의 생각이 이성적이고 사회적 존재로서의 위치에서 벗어나지 않아야 된다는 것을 철칙으로 삼는다.

8. 단련되고 정화된 사람의 정신 속에서는 화농이나 궤양이나 아픈 상처를 찾아볼 수 없다. 그러한 사람은 운명이 마치 그의 역할을 다하지 못하고 연극이 끝나기 전에 무대를 떠나는 배우처럼, 그의 삶이 완성되기도 전에 데려가지 않는다. 그뿐 아니라 굽실거리거나 허세도 부리지 않으며, 의존적이거나 소외되지 않으며, 대꾸할 것도 숨겨진 결점도 없다.

9. 너의 판단력을 존중하라. 모든 것이 너를 지배하는 정신에 달려 있으며, 이로 인해 본성이나 이성적 존재로서의 본질이 허용하지 않는 것을 더 이상 받아들이지 않도록 한다. 또한 이 능력은 신중한 사고력과 다른 사람들과의 친화력과 신들에게 순종하는 것을 보장해준다.

10. 다른 모든 일을 버리고 오직 몇 가지 일에 전념하라. 우리의 각 사람이 오직 현재의 순간만을 살아갈 뿐이고, 그것은 시간의 한순간에 불과하다는 것을 네 스스로 다시 생각해보라. 그 나머지의 시간은 지나간 과거의 삶과 불확실한 미래의 것이다. 그러므로 인생은 짧고, 우리가 살고 있는 곳은 땅의 작은 부분에 불과하다. 사람이 죽은 뒤에 명성이 아무리 길다 해도 하찮은 것으로, 그 역시 죽음을 벗어나지 못한 사람들의 대대로 전해진 자신들의 행적이며, 그들은 오래전에 죽은 사람들은커녕 자신들조차도 알지 못하는 자들인 것이다.

11. 앞에서 언급한 수칙에 한 가지를 덧붙이고자 한다면, 너희 생각 속에 있는 모든 것을 요약하여 정의를 내리고, 그 모든 것을 분석해서 그것의 근본적인 본성이 무엇인지를 알며, 전체적으로나 부분적으로 분명하게 하여, 그것의 적절한 명칭과 그것을 구성하고 있는 것과 그 안에 용해되어 있는 요소들의 명칭도 알아야 한다.

우리의 위대한 정신을 위해서 삶 속에서 우리가 경험한 대상의 각 요소를 체계적이고 면밀한 검토를 하는 능력만큼 도움이 되는 것은 없다. 우리는 항상 검토하는 능력을 사용해서 우주의 본성에 대해 심사숙고 하여, 우주 전체와 인간을 위해 가치 있는 것으로서 어떤 행동이나 일이 우주의 본성에 기여를 하는지를 알아야 한다. 인간은 가장 높은 우주라는 국가의 주민이고, 그 외의 모든 국가는 단지 한 작은 집단에 불과한 것이다.

그다음에 지금 내가 인식하고 있는 현상은 무엇인가? 그 본질은 무엇으로 구성되었는가? 그것은 본성에 따라 얼마나 지속될 것인가? 그것을 충족시키기 위해서는 관대함, 용기, 진실함, 충성심, 소박함, 자족감 등과 같은 미덕들 중 어떤 것을 요구하는가? 이렇게 자신에게 물어보라.

그러므로 우리는 모든 경우에 이렇게 말해야 한다. 이 일은 신의 뜻이고, 운명의 시발점이요, 운명과 연결된 것이요, 기회가 주는 어떤 우연의 일치와도 같은 것이다. 하지만 저 일은 인간에게서 비롯된 것이요, 나의 동족이나 동료인 그들은 무엇이 그 자신의 본성에 따라 사는 삶인지 알지 못한다. 그러나 나는 알고 있다. 나는 어떤 경우에는 친절하고 공평하게 대하며, 우리의 우정으로 본성의 법을 따르겠지만, 그렇지 않은 경우에는 도덕적으로 중립에 있는 일들에 대해서는 적절히 대응을 함으로써 신중을 기할 것이다.

12. 네게 당면한 일을 모든 확신과 용기와 선의로 참된 이성에 따라 행하며, 지나친 오락을 허용하지 말고, 마치 지금 당장이라도 돌려주어야 하는 것처럼 네 안에 있는 신성을 순수하고 견고히 설 수 있도록 지키며, 아무것도 바라지 않고 아무것도 두려워하지 않는 삶을 고수하면서, 본성에 따라 당면한 일들을 수행하는 것과 네가 말하는 모든 것과 그 의도가 진실로 참되다는 것에 만족한다면, 너의 삶은 행복할 것이다. 그리고 아무도 너의 그런 삶을 가로막을 수 없다.

13. 마치 의사들이 응급처치를 위해 그들의 기구들과 칼을 손에 쥐

고 있는 것처럼, 너는 신과 인간에 대해 이해하여 모든 행동을 수행함에 있어, 지극히 작은 것이라도, 둘이 연합된 유대관계에 속한 것을 깨닫기 위한 근본적인 원리들이 준비되어 있어야 한다. 인간과 연관된 신을 의식하지 않고는 성공적인 행동을 취할 수 없을 뿐 아니라, 또한 이와 반대되는 상황도 마찬가지일 뿐이다.

14. 이제 더 이상 머뭇거리지 말라. 방황하지 말라. 너는 네가 적어놓은 비망록이나, 고대 그리스인들이나 로마인들의 전기나, 그리고 노년의 때를 위해서 모아둔 많은 문헌에서 발췌해놓은 글을 읽을 시간이 주어지지 않을 것 같기 때문이다. 그러므로 마지막까지 열심을 품고 네 자신을 돌볼 수 있는 기회가 아직 남아 있을 동안에 헛된 희망들은 내던져버리고 네 자신을 구해내도록 하라.

15. 사람들은 도둑질하거나 파종하거나 물건을 사거나 휴식을 취하거나 일을 성취하기 위해 요구되는 것이 무엇인지 안다고 하는 말의 의미를 모른다. 이것은 눈으로 보아서 알 수 있는 것이 아니고, 또 다른 시각을 통해서만 알 수 있는 것이다.

16. 육신과 혼과 정신에서 육신은 감각으로 자각하며, 혼은 지적인 요구에 자극되며, 정신은 그 모든 것에 대한 판단력을 가진다. 감각을 통해서 현상을 받아들이는 것은 동물들에게도 가능하다. 줄에 매

달린 인형처럼 욕망에 반응하는 것은 야수들과 남창들과 팔라리스[49]나 네로[50] 같은 자들에게도 가능하다. 지식이 안내자 역할을 하여 적절한 행동으로 무엇인가 나타내 보이는 것은 신들을 믿지 않는 자들과 조국을 배반하는 자들과 닫힌 문 뒤에서 어떤 일이라도 자행하는 자들에게도 공유되는 것이다.

이런 모든 것이 앞에서 언급한 범주 안에 드는 사람들이 공통적으로 할 수 있는 것이라면, 선한 자라고 규정할 수 있는 특유의 성품을 따른다는 것은 운명에 의해서 정해진 길을 무슨 일이 일어난다 해도 기꺼이 사랑하고 받아들이는 것이다. 그의 가슴 속에 자리 잡고 있는 신성을 더럽히지 않고, 수많은 혼란스러운 현상으로 괴로워하지 않으며, 그 변함없는 은총을 유지하기 위해서 신에게 온전히 순종하여 참되지 않은 것은 말하지 않고 올바르지 않은 것은 행하지 않는다. 그런 사람은 모든 사람이 그를 믿지 않아도 소박하고 품위 있고 삶을 즐겁게 살아가며, 어느 누구와도 다투지 않고, 그의 삶의 최종 목표로 인도하는 길로부터 방향을 전환하지 않는다. 그렇게 하기 위해서는 순수하며 평화롭게 떠나갈 준비도 하며, 정해진 운명과 자연스런 조화를 이루며 살아가야 하는 것이다.

---

49) 팔라리스Phalaris는 기원전 6세기 전반에 시칠리아 아크라가스의 폭군이며, 가학적인 잔인함으로 악명이 높았다.

50) 네로Nero(37~68년)는 54년에 로마의 황제로 즉위한 후 68년에 자살하기까지 심한 편집증적인 언행을 일삼으며 모친을 살해하는 등 잔혹한 비행을 저지른 폭군이었다.

제 4 권

1. 우리 안에 있는 지배적 이성은 본성과 일치되는 모든 경우에는 상황에 대해 유연히 대처 하게 하며, 항상 실현 가능성이 있는 일들이나 현재 일어난 일들에 대해 쉽게 적응하도록 한다. 그것을 행함에 있어 특정한 일만을 선호하는 것이 아닐 뿐 아니라, 조건부 방식으로 대상을 다루지 않으며 어떤 장애가 있더라도 유용한 자료가 될 수 있도록 한다. 이것은 마치 불길 속으로 무엇인가 던져 넣었을 때 불이 작용하는 것과도 같다. 그런 경우에 작은 불꽃은 그 불길 속으로 던져진 것들에 의해서 꺼져 버릴 수도 있으나 맹렬하게 타오르는 불길은 그 안에 수북이 쌓인 것들이 마치 자기의 것인양 그 모든 것을 집어삼키고 결국에는 너 서세세 타오르며 솟구쳐 오르기 때문이다.

2. 목적 없는 일을 행하지 말고, 살아가는 기술技術에 있어서도 확고한 원리들에 따르는 것이 아니라면 행하지 말라.

3. 사람들은 시골이나 해변이나 산속에서 자신들을 위해 휴식할 수 있는 조용한 곳을 찾으며, 네 자신도 간절히 그것을 바란다. 그러나 이는 철리哲理와는 상당히 먼 거리가 있으며, 네 자신이 원할 때는 언제라도 너를 위해 문이 열려있는 네 자신 안에서 휴식할 수 있는 것이다. 누구에게나 더 조용하고 쉴 만한 곳인, 자신의 정신 안에서 휴식하는 것보다 더 나은 곳은 없다. 즉시 자신의 정신 속에 들어가 생각에 잠길 수 있다면 완전한 평안함을 얻게 된다. 평안함이란 쉽게 말하면 질서가 잡힌 삶을 의미한다. 그러므로 끊임없이 네 마음속에 있는 휴식처에서 쉬며, 네 자신을 새롭게 하라. 네가 지녀야 할 수칙들은 간결하며 핵심적이어야 하며, 네가 그것들을 접하게 되면 너의 모든 아픔은 말끔히 씻겨나가고 네가 당면했던 불만으로부터 너를 자유롭게 하기에 충분해야 할 것이다.

너로 불만을 품게 하는 것은 무엇인가? 사람들에게 있는 악함인가? 사람들이 관용을 베푸는 것은 정당성의 한 부분이며, 악을 저지른다는 것은 의도적인 것이 아니므로, 이성적인 존재들은 서로의 유익을 위해 태어났다는 결론에 대해 상기해보라. 그리고 지난날 얼마나 많은 사람이 적대감과 불신과 증오심과 수많은 전쟁 속에서 살아왔으며 그리하여 죽어 매장되거나 한줌의 재로 변했는지를 생각하고, 그러한 생각에서 벗어나라. 아니면 우주 안에서 네게 할당된 몫이 불만족스러운가? 그 대안으로 섭리 또는 원자들,[51] 그리고 우주가 일종의 사회적인 공동체라는 수많은 암시적인 증거를 가지고 다시 논의해보라. 하지만 육신의 일들이 너를 여전히 붙잡고 있느냐? 그러면 정신에 대해 생각해보라. 정신은 일단 육신에서 벗어나 그 자체로 확고한 능력이 있다는 것을 알게 되면, 신체적인 움직임이 원활하거나 괴롭거나에 영향을 받지 않는다. 마지막으로 쾌락과 고통에 대해서도 이제까지 네가 듣고 동조한 모든 것을 기억해보라.

그러면 하찮은 명성이 너를 산만하게 하는가? 모든 것은 신속하게 잊혀져가고 있다는 것과 과거와 미래의 측정할 수 없는 엄청난 시간의 심연과 공허한 박수갈채와 분별력 없는 자들이 네게 보내는 찬사와 그리고 그 변덕스러움과 또 이 모든 일이 얼마나 제한된 좁은 공간에서 일어나고 있는지에 대해서도 생각해보라. 지구 전체가 우주 공간의 한 점에 불과하지 않는가. 네가 거처하는 곳이 얼마나 보잘것없고 협소한 곳인가, 이곳에서 너를 찬양하는 자는 얼마나 되겠으며 또한 그들은 어떤 부류에 속한 자들이겠는가!

그러므로 이제부터는 무엇보다도 괴로움과 긴장을 떨쳐버리고 네 안에 있는 네 자신의 작은 영역인 휴식처를 기억하라. 너는 네 자신의 주인이 되어 한 남자로서, 한 인간으로서, 한 시민으로서, 또한 필사必死의 존재로서 사물을 바라보라. 네 마음에 새겨야 할 네게 바

---

51) 섭리가 우주의 운행하는 원리라고 한 것은 스토아학파의 주장이며, 우주를 단지 원자들의 결합과 분리로 이루어진 산물로 보는 것은 에피쿠로스학파의 주장이다.

로 유익을 가져다 줄 두 가지의 생각이 있다. 첫째는 사물들은 너희 정신에 영향을 끼칠 수 없다는 것이다. 사물들은 외부에 있으며 그럴 만한 힘을 가지고 있지 않으며, 불안은 언제나 너의 내면에 있는 판단에서 비롯된다는 것이다. 둘째는 네 눈에 보이는 이 모든 사물은 즉시 변하여 결국에는 더 이상 존재하지 않게 된다는 것이다. 네 자신이 이미 얼마나 많은 변화를 목도해 왔는지를 끊임없이 생각하라. 우주는 변화하며 삶은 판단에 의해 좌우되는 것이다.

4. 사고력이 우리 모두가 공통적으로 지니고 있는 것이라면, 우리를 이성적 존재가 되게 해주는 이성도 우리 모두가 공통적으로 지니고 있다. 그렇다면 우리가 해야 할 것과 하지 말아야 할 것을 지시하는 이성은 우리 모두에게 공통적이다. 법도 우리 모두에게 공통적이요, 우리는 모두 동일한 시민들이요. 그렇게 되면 우리는 동일한 구성원을 지니고 있으며, 우주 또한 일종의 국가가 되는 것이다. 온 인류를 구성원으로 갖는 국가는 우주 외에 어떤 다른 것이 아니다. 그리고 이 공통적 국가로부터 우리의 사고력과 이성과 법을 받아들여야 한다. 그 밖에 달리 어느 곳이 있겠는가? 마치 나에게서 흙으로 된 부문은 어느 땅에서 비롯된 것이고, 물로 된 부문은 또 다른 요소로, 내가 호흡하는 공기는 또 다른 어떤 근원에서, 내게 있는 따뜻한 불의 성분은 그 자신의 근원에서 비롯된 것(그 어떤 것도 무無에서 무로 돌아갈 수 없고, 무에서는 그 어떤 것도 생겨날 수 없다)과 같다. 마찬가지로 우리의 사고력 또한 그것의 근원에서 비롯된 것이다.

5. 죽음은 탄생과 마찬가지로 자연의 신비다. 탄생은 같은 원소들의 결합을, 죽음은 그것들의 해체를 의미한다. 그러므로 죽음에 대해 수치를 느낄 하등의 이유가 없다. 죽는 것은 사고력을 지닌 존재의 본질에서 벗어나는 것이 아니며, 그런 존재의 이법理法에서도 벗어나는 것이 아니다.

6. 이러한 유형의 사람들에게서 이러한 결과를 가져오는 것은 자연스럽고 필연적인 현상이다. 네가 너의 본성과 다른 그 무엇을 바란다면, 무화과나무에서 더 이상 그것의 즙이 흐르지 않기를 바라는 것과 같다. 어떤 경우에도 기억해야 할 것은 얼마 지나지 않아 너도 죽을 것이고 그도 죽을 것이며, 그리고 잠시 후 너희 이름조차도 남아 있지 않게 된다는 것이다.

7. 판단에서 벗어나라. 그러면 '나는 피해를 입었다.'는 생각에서 벗어날 것이다. 생각에서 벗어난다면 그 피해도 사라질 것이다.

8. 인간을 본질적으로 더 나쁘게 만들지 않는 것은 그의 삶 또한 더 나쁘게 만들 수 없다. 그것은 외부적으로나 내면적으로도 그에게 해악을 가져올 수 없다.

9. 유익한 본성은 이와 같이 본성의 모든 활동 면에서도 유익함을 주게 된다.

10. 세상에서 일어나는 모든 것에는 정당성이 있다. 이 말에 대해 주의 깊게 살펴보면, 너도 이 말이 진실이라는 것을 알게 될 것이다. 내가 '정당성이 있다'고 하는 것은 간략하게 일들을 인과果의 맥락에서 보는 것이 아니라, 마치 모든 것을 결정하는 분이 그것을 배정하는 것으로 보는 시각에서의 '정당하다'를 의미하는 것이다. 그러므로 이것을 주의 깊게 살피면서, 네가 하는 모든 일에서 선한 자가 되기로 작정하고 그 일들을 해나가라. 행동의 모든 면에서 이 원칙을 지켜 행하라.

11. 누가 너에게 잘못을 범하였을 때, 그가 말한 대로 판단하거나 네가 원하는 대로 판단하지 말라. 모든 것을 있는 그대로 진실을 보라.

12. 항상 지녀야 할 두 가지 수칙이 있다. 첫째는 합법적인 지배적 권리와 사법 권한이 오직 인류의 유익을 위해 행해져야 한다는 것이고, 둘째는 누군가가 네 생각을 고쳐주며 잘못된 것에서 벗어나게 해주었을 때 너의 의견을 바꾸어야 하는 것이다. 하지만 항상 너의 의견을 바꾸는 것이 정의롭고 공동체의 유익을 위한 것이라는 확신을 가질 때에라야 한다. 너의 의견을 바꾸는 이유가 그와 같아야 하고, 그냥 쾌락이나 인기를 얻기 위해서 바꾸어서는 안 된다.

13. '너는 이성理性을 가지고 있는가?' '그렇다.' '그런데 왜 이성적이

지 못한가?' '이성이 자기의 역할을 수행한다면, 더 이상 무엇을 바라 겠느냐?'

14. 너는 우주의 일부로서 살아가고 있다. 나중에는 너를 탄생케 한 그곳으로 사라질 것이다. 그보다 너는 변화될 것이며, 우주생성의 원리 속으로 되돌아갈 것이다.

15. 수많은 유향 방울이 한 제단 위에 떨어진다. 어떤 것들은 먼저 떨어져 재가 되고, 어떤 것들은 나중에 떨어지지만, 그 차이는 없다.

16. 네가 원리들을 돌이켜 너의 이성을 존중하게 된다면, 지금 너를 짐승이나 원숭이로 보는 자들이 열흘이 되기도 전에 너를 신으로 여기게 될 것이다.

17. 수천 년을 살 것처럼 살아가지 말라. 죽음은 갑작스럽게 다가올 수 있다. 살아 있는 동안 네가 할 수 있을 때 선한 자가 되어라.

18. 너에게 평온을 가져다주는 것은 주변 사람들이 무엇을 말하고 행동하며 생각하는가를 알려고 하는 데 있지 않고, 오직 자기 자신의 행동에 있으며, 정의와 경외심과 온통 선한 것으로 넘쳐나는 것이 아니겠는가! 다른 사람들의 타락한 성품에 눈을 돌리지 말고, 바른 길을 향해 곧장 나아가라. 제멋대로가 아닌, 올곧게 나아가라.

19. 자신의 사후의 명성이 추락할 것에 안달하는 자는 그를 기억하고 있는 자들도 머지않아 죽게 될 것이고, 그도 또한 죽는다는 것을 생각하라. 이와 같은 일은 여러 세대를 걸쳐 마찬가지로 일어나서 그에 대한 모든 기억은 순차적으로 등불이 타다가 꺼지듯이 마침내 완전히 꺼지게 되는 것이다. 그러나 너를 기억하는 사람들이 불멸의 존재라면 너에 대한 기억도 영원할 것이다. 그렇다고 해도 그것이 대체 너에게 무슨 소용이 있겠는가? 사람들의 칭송이 그저 죽은 자에게는 아무런 의미가 없고, 살아 있는 사람에게도 자기를 관리하는 측면에서 실제적인 어떤 것이 아닌 것 외에는 아무런 의미가 없는 것이다. 나아가 현실적으로 다른 사람의 평판에 의존하지 않을 때에만 누릴 수 있는 자연이 주는 혜택의 기회마저도 잃어버리게 될 것이다.

20. 어떤 의미에서든지 아름다움이란 그 자신의 고유함과 자신에 대한 충실함 그 자체로의 아름다움을 지닌 것이다. 칭찬은 아름다움의 일부가 아니다. 어쨌든 칭찬을 받는다고 해서 어떤 것이 더 좋아지거나 나빠지지는 않는다. 이 말은 질료資料나 작품들이나 예술의 경우와 같이 아름다움의 일반적인 개념에도 적용된다. 그래서 진실로 아름답다고 한다면 그 자체 이상의 다른 어떤 것이 필요하겠는가? 법칙이나 진실, 선의나 겸손에서도 그보다 못하지 않다. 이 중에서 어느 것이 칭찬으로 아름다워지고, 비난을 받는다고 해서 아름다움을 잃겠는가? 에메랄드가 칭찬을 받지 못한다고 해서 그 우수함을 잃겠는가? 황금과 상아와 자줏빛 옷과 수금竪琴과 단검과 꽃과 떨기

나무들은 또한 어떠한가?

21. 혼魂이 살아남아 존속하는 것이라면, 대기는 시간의 시작점부터 모든 혼을 어떻게 다 수용하고 있는지에 대해 물어보라. 그러면 대지는 태고부터 매장된 모든 사람의 육체를 어떻게 수용하고 있는가? 대지에 매장된 시신들이 일정 기간 동안 거기에 머물며 변화를 거쳐 해체되어 다른 시신들에게 자리를 내어주는 것과 같이, 혼들도 대기 속으로 그 자리를 옮긴다. 혼들은 얼마 동안 그 상태를 유지하다가 변화하고 용해되어 불의 성분을 띠고서 다시 우주의 생성 원리 속으로 돌아간다. 이러한 방식으로 뒤를 잇는 혼들에게 그 자리를 마련한다. 이것이 바로 혼이 살아남아 존속한다는 것을 추정할 수 있는 해답이 될 것이다.

우리는 사람들의 매장되는 수많은 시신뿐만 아니라, 우리 인간이나 다른 짐승들이 매일 잡아먹는 동물들의 시신의 수도 헤아려 볼 때, 얼마나 엄청난 양을 먹어치우고 있으며 그 동물들을 잡아먹은 자들의 몸속에 어느 정도나 축적되어 있는가도 생각해야 한다. 그럼에도 그것들을 위한 자리는 있게 마련인데, 그들은 피로 변하여 축소되며 공기와 불의 요소들로 변화되기 때문이다. 이 같은 진리를 탐구하는 방법은 무엇인가? 그것은 질료와 그 인과因果의 관계를 식별해내는 것이라 하겠다.

22. 방황하고 헤매지 말라. 여러 가지의 충동이 일더라도 정의에

입각한 행동을 하며, 여러 가지의 생각을 하더라도 확실한 것만을 붙잡아야 한다.

23. 오, 우주여, 너에게 화합되는 모든 것은 나에게도 화합된다. 너에게 적절한 시기는 나에게도 너무 이르거나 늦지도 않다. 오, 자연이여, 너의 계절들이 가져오는 모든 것은 나를 위한 과실이구나. 만물이 네게서 오고 네 안에 머물다가 네게로 다시 돌아간다. 시인은 '케크롭스의 사랑스러운 도시여!'[52]라고 노래한다. 너는 '제우스의 사랑스러운 대지여!'[53]라고 읊조리지 않겠는가?

24. 만족스럽고 평온한 삶을 살고자 한다면 하는 일이 적어야 된다고 어느 철학자[54]는 말했다. 하지만 반드시 해야 할 일들을 행하고, 사회적 존재로서 이성이 요구하는 것과 또한 이성이 요구하는 방식에 따라 그것을 행하라고 하는 것이 더 나은 말이 아니겠는가? 이렇게 했을 때, 정의에 입각한 행동을 취했다는 것과 일을 적게 했다는 것, 이 두 가지 점을 다 충족시킬 수 있는 것이다. 우리가 말하고 행하는 것들의 대부분이 불필요한 것이다. 이런 불필요한 것을 하지 않는다면 시간적 여유를 많이 갖게 될 것이며, 신경 쓸 일도 줄어들게

---

52) 이 문구는 그리스의 희극작가 아리스토파네스Aristophanes(기원전 445~385년경)의 단편에서 인용한 것이다. 케크롭스는 전설적인 왕으로 아테네인들은 그를 영웅들의 시조로 여겼다.
53) 마르쿠스는 여기에서 '위대한 도시'인 우주를 말하고 있다.
54) 데모크리토스를 말한다.

될 것이다. 그러므로 매사에 어떤 일이 필요한지 아닌지를 스스로에게 물어보아야 한다. 하지만 우리는 불필요한 행동에서만 이를 적용시킬 것이 아니라 불필요한 사고들도 버려야 한다. 그런 후에야 불필요한 행동들이 뒤따르지 않게 될 것이다.

25. 네가 과연 우주로부터 자신에게 주어진 것들에 만족하고, 자신의 정의로운 행동과 친절한 성품에 만족하는 선한 자의 삶을 살고 있는지를 시험해보라.

26. 너는 저것을 보았느냐. 이제는 이것도 보라. 스스로 괴롭히지 말고, 네 자신이 단순해지도록 하라. 누가 해악을 끼치는가? 그는 해악을 그 자신에게 끼치고 있는 것이다. 어떤 일이 너에게 일어났느냐? 그렇다, 네게 일어나는 모든 일은 태초부터 우주에서 정해진 것이며 네 자신의 운명에 의해 일어나고 있는 것이다. 그러나 중요한 점을 말하자면 인생은 짧다는 것이다. 그러므로 바로 현재의 이 순간부터 올바른 이성으로 정의로운 행동을 해야 한다. 늘 깨어 있으며 여유로운 마음을 가져야 한다.

27. 우주는 질서 정연하거나 모든 것이 뒤엉킨 무질서이거나 하겠지만, 그래도 여전히 일관성 있는 질서가 존재한다. 만약 우주 안에 무질서만이 존재한다면 네 안에 있는 개인적인 질서가 어떻게 존속할 수 있겠는가? 특히 만물은 서로 뚜렷이 구별되어 저마다의 영역 안에 있지만, 서로에게 전달되며 반응을 보이는 질서 안에서

존재한다.

28. 음흉한 성격, 비겁하고 완고한 성격, 야수적이며 우둔한 짐승 같은 성격은 유치하며 위선적이며 어리석고 음탕하며 돈만 알며 독선적이다.

29. 우주 속에 무엇이 들어있는지 알지 못하는 사람을 우주 안에 있는 낯선 이방인이라 한다면, 우주 안에서 무슨 일들이 일어나는지를 알지 못하는 사람도 역시 이방인이다. 사회적인 원칙에서 이탈하는 사람은 도망자다. 이성의 눈을 닫아버리는 사람은 맹인이다. 타인에게만 의지하며, 자신의 생활에 필요한 모든 것을 가지지 않은 자는 가난한 자다. 자기의 운명에 불만을 품고 우리의 공통된 본성의 원리에서 비켜서며 스스로를 분리시키는 자(그 일은 본성에서 비롯된 것이며, 너 또한 본성에 의해 존재하기 때문이다)는 우주의 종양이다. 연합되어 있는 모든 이성적인 존재의 혼으로부터 그 자신의 혼을 분리시키는 자는 사회성이 결여된 자다.

30. 어느 철학자는 옷 한 벌 없으며, 책 한 권도 없다. 여기 또 다른 철학자는 반 벌거숭이다. 그는 '나는 빵은 없지만, 이성에는 충실하다.'고 말한다. 그러나 내 경우에는 학식의 양식은 풍부하나 여전히 이성에는 부족한 면이 있다.

31. 네가 배운 기술을 소중히 여기고 그것으로 인해 편안한 삶을 누려라. 너의 여생의 모든 삶을 진심 어린 헌신으로 신들에게 맡겨라. 네 스스로에게 폭군도 되지 말며, 그 누구의 노예도 되지 말라.

32. 베스파시아누스[55] 시대를 예로 들어 생각해보자. 모든 일이 똑같이 일어났다는 것을 알게 될 것이다. 사람들은 결혼하고, 자녀를 갖고, 병들고, 죽고, 전쟁하고, 축제를 즐기고, 장사하고, 농사를 짓고, 아첨을 떨고, 고집하고, 의심하고, 음모를 꾸미고, 다른 사람의 죽음을 위해 기도하고, 그들의 운명에 대해 불평하고, 사랑에 빠지고, 재물을 축적하고, 집정관이나 왕의 신분이 되기를 갈망했다. 하지만 지금 그들의 삶은 다 지나가버리고 흔적도 없이 사라졌다.

다시 트라야누스[56] 시대로 넘어가보자. 또다시 모든 것은 동일하다. 그 당시 살았던 자들도 역시 다 죽었다. 마찬가지로 다른 시대와 모든 나라에 관한 역사들을 살펴보라. 얼마나 많은 사람이 열심을 내어 살다가 순식간에 죽어 원소로 변하고 말았는지를 보라. 위에서 언급한 모든 것을 다시 생각해보면, 그들은 헛된 일에 열심을 다해 분투하고, 그들 자신만이 가지는 본성의 기질을 따라 그것을 굳건히 잡고 거기에 만족할 만한 일을 찾아내어 살아가는 삶을 거부한 것이다. 이러한 맥락에서 네가 꼭 기억해야 할 것은 모든 일은 가치에 비례해

---

55) 베스파시아누스Vespasianus(9~79년) 네로의 자살 후 극도로 혼란했던 내전을 종식시키고 69년에 로마의 황제로 등극하여 79년까지 통치했다.
56) 트라야누스Trajanus(재위 98~117년)는 로마 제국의 5현제 중에 두 번째 황제다.

서, 각각의 일에 주의력을 기울여야 한다는 것이다. 중요하지 않은 일을 해내기 위해 더 이상의 시간을 할애하지 않는다면, 네 마음이 상하게 되는 일도 없게 될 것이다.

33. 오래전에 일상적으로 사용하던 말들이라도 그 말은 구식이 되어 쓸모가 없어지고 말았다. 마찬가지로 한때 명성을 날렸던 사람들의 이름도 어떤 의미에서는 구식이 되어 회자되지 않는 이름이 되었다. 카밀루스와 카이소와 볼레수스와 덴타투스,[57] 얼마 후에는 스키피오와 카토,[58] 그다음에는 아우구스투스,[59] 또 그다음으로는 하드리아누스[60]와 안토니누스[61]로 이어진다. 이 모든 인물은 서서히 사라져서 빠르게 변하여 신화적인 존재가 되며 망각 속에 잊혀져간다. 나는 지금 가장 탁월한 자들로서 명성을 날리던 자들에 대해 말하고 있다. 그 외 나머지 사람들은 그들의 호흡이 멈추자마자, 그 즉시 '사람들의 시야 밖으로, 사람들의 인식 밖으로' 사라진다. 그러면 무엇이 어

---

57) 카밀루스Camillus, 카이소Caeso, 볼레수스Volesus, 덴타투스Dentatus는 초기 로마 공화정 시대의 위대한 인물들이었다.

58) 스키피오Scipio는 포에니 전쟁에서 한니발을 물리치고 로마에 승리를 안겨다준 장군을 말하는 듯하며, 여기서 카토Cato는 대 카토의 증손자인 공화정과 스토아 철학의 신봉자인 소 카토를 말하는 듯하다.

59) 아우구스투스Augustus(기원전 63~기원후 14년)는 옥타비아누스를 말하며, 그가 후일에 제정 로마시대에 초대 황제가 되어, 가장 존엄한 자라는 뜻을 가진 아우구스투스라는 이름으로 불리었다.

60) 하드리아누스Hadrianus(76~138년)는 로마 제국의 5현제 중 세 번째 황제였으며, 117년에서 138년까지 통치했다.

61) 마르쿠스의 양아버지를 말한다.

떤 경우에 영원히 기억되는 것일까? 아무것도 없을 뿐이다.

　그렇다면 사람은 어디에 노력을 기울여야 할 것인가? 오직 정의로운 생각과 공익을 위한 행동과 거짓이 없는 말과 모든 일어나는 일은 필연적이며, 근본적으로 동일한 원천에서 비롯된 것임을 이해하면서 기꺼이 받아들이는 것이라 하겠다.

　34. 네 자신을 순순히 운명을 관장하는 여신[62]에게 맡기고, 그녀가 너라는 실을 가지고서 무엇이든지 자신이 뜻하는 대로 짜도록 하라.

　35. 기억하는 자와 기억되는 자, 모두가 짧게 지나가는 인생이다.

　36. 만물은 변화를 통해 생성된다는 것을 끊임없이 관찰하고, 우주의 본성은 어떤 존재의 형식을 변화시켜 다른 어떤 것, 그와는 비슷하지만 전혀 새로운 것을 창출해내는 것을 무엇보다 좋아한다는 생각에 네 자신을 길들이도록 해라. 존재하는 모든 것은 어떤 의미에서는 그것들의 뒤를 이어가는 것들의 씨앗이라 하겠다. '씨앗'에 대한 너의 개념이 단순히 대지나 태^胎에 뿌려지는 것이라고 한다면, 그것은 철저하게 비철학적인 생각이다.

---

62) 클로토Clotho를 가리키며 인간의 생명의 실을 잣는 운명의 여신으로, 그 실의 길이를 정하는 라케시스Lachesis와 그 실을 끊는 아트로포스Atropos와 함께 운명의 세 여신 중의 하나다.

37. 죽음이 머지않아 너에게도 임할 것이다. 그런데도 너는 아직도 해맑은 정신과 요동하지 않는 마음을 지니지 못하고, 외부의 해악에 대한 두려움에서 자유롭지 못하고, 모든 사람에게 친절을 베풀지도 못하며, 정의롭게 행동하는 것만이 지혜라는 확신도 가지고 있지 않다.

38. 사람들을 지배하는 이성에 대해 주의 깊게 살피고, 현명한 자들이 피하고 추구하는 것이 무엇인지를 살펴보라.

39. 너를 불행하게 만드는 것은 다른 사람들의 이성적인 판단에 의한 것도 아니며 어떤 상황의 변화에 의한 것도 아니다. 그렇다면 어디에 근거를 두어야 할까? 그것은 너의 한 부분에 해당하는, 악이라고 판단을 내리는 내면에서 비롯된다. 그러므로 그러한 판단을 하지 않으면 모든 것이 좋아질 것이다. 너의 그 내면과 가장 가까이에서 감싸고 있는 육신이 칼이나 화상이나 화농이나 또는 부패의 위협을 받는다고 해도, 그런 일들에 대해 판단을 내리는 네 안에 있는 능력이 평정을 유지하도록 해야 한다. 즉 너의 내면의 그 능력으로 하여금 악인이나 선인에게 평등하게 일어날 수 있는 일들에 대해 악하다거나 선하다고 평가하지 못하게 하라. 본성에 따라 살아가는 사람에게나 본성을 무시하는 사람에게나 평등하게 일어나는 일은 본성에 순응하는 것도 아니고 본성에 벗어나는 것도 아니기 때문이다.

40. 우주는 하나의 실체와 하나의 혼을 지닌, 살아있는 생명체라는 것을 항상 생각하라. 어떻게 단 하나의 우주의 의식 안에 만물이 집중되어 있으며, 우주의 자극이 만물의 모든 움직임을 다스리며, 만물이 발생되는 모든 것과 상호 협력관계에 놓여있는지를 생각하라. 이 모든 것은 촘촘히 짜인 거미줄이나 그물망과도 같다.

41. 에픽테토스가 말한 것처럼 너는 시신을 짊어지고 다니는 하나의 혼일뿐이다.

42. 변화하고 있는 것을 본질적으로 나쁘다고 할 수 없으며, 변화의 결과로써 존속하는 것을 본질적으로 좋다고도 할 수 없다.

43. 시간은 만물을 생성하는 강, 곧 거세게 흐르는 강과 같다. 무언가 눈에 보이는가 하면 재빨리 떠내려가 사라져버리고, 이내 다른 것이 그 자리를 메우지만 그것도 역시 신속하게 떠내려가 사라진다.

44. 일어나고 있는 모든 일은 봄날의 장미나 여름날의 과실처럼 익히 알고 있는 것들이다. 질병과 죽음과 비방과 음모와 어리석은 자들을 기쁘게 하거나 슬프게 하는, 그 일체의 일들이 이와 같다.

45. 나중에 일어나는 것은 바로 전에 있었던 것과 밀접한 연관성을 지닌다. 이는 어떤 이질적인 것들이 단순하게 열거되어 있거나 단지

필요한 순서에 따라 된 것이 아니라, 이성적인 법칙에 의해 연결되어 있는 것이다. 마치 존재하는 모든 것이 조화를 이루며 연관되어 있는 것처럼, 앞으로의 출현_{出現}을 위한 과정에 있는 모든 것도 단순히 순차적인 것이 아닌 경이로울 만큼 그 속에 내재하는 연관성을 서로 지니고 있는 것이다.

46. 헤라클레이토스의 '흙은 죽어 물이 되고, 물은 죽어 공기가 되며, 공기는 죽어 불이 되고, 불이 죽으면 흙이 되며, 그리고 다시 역순환 되기도 한다.'는 말을 항상 기억하라. 또한 집으로 돌아가는 길을 잊어버린 사람에 관한 그의 비유에 대해서도 기억하라. 그들은 인생에 있어서 변함없는 최고의 동반자이며 만물을 다스리는 이성과 불화하고 있다는 것과 그들이 매일같이 경험하는 것을 낯설어 한다는 그의 말을 기억하라. 꿈속에서 말하고 행동하는 것은 환상에 불과하기 때문에, 우리는 마치 잠든 것처럼 행동하거나 말을 해서는 안 된다는 것과 우리는 마치 그저 하라는 대로 따라서 하는, 부모와 함께 있는 어린아이같이 되지 말아야 한다는 그의 말을 명심해야 한다.

47. 신이 너에게 네가 내일 아니면 늦어도 그 다음날에는 반드시 죽으리라고 말했다면, 너는 겁쟁이가 아닌 한 그 하루 상관의 차이를 중요한 것처럼 무게를 두지 말라(그것은 시간의 지극히 작은 차이일 뿐이다). 마찬가지로 너는 몇 년을 더 살거나, 하루만 더 사는 삶의 차이가 대단할 것이라고 여기지 말라.

48. 얼마나 많은 의사가 눈살을 찌푸리며 자신의 환자들을 돌보다가 죽어갔는가, 얼마나 많은 점성술사가 죽음이 그 어떤 것보다 중요한 것처럼, 타인의 죽음을 예언하다가 죽어갔는가, 철학자들은 얼마나 많이 죽음과 불멸에 대한 끝없는 논쟁을 벌이다가 죽어갔는가, 수많은 사람을 죽인 영웅들도 결국에는 죽었고, 얼마나 많은 폭군이 그들의 삶은 영원할 것처럼, 가공할 만한 위세를 떨치며 다른 사람들의 삶을 유린하는 권력을 휘두르며 죽어갔는가를 끊임없이 생각하라. 헬리케[63]와 폼페이와 헤르쿨라네움[64]을 비롯한 무수히 많은 다른 도시들이 '사라져간 것'을 또한 생각해야 한다.

자, 네가 알고 있는 모든 사람을 번갈아 가며 하나하나 거듭해서 살펴보라. 한 사람은 친구의 장례를 치른 후에 자신도 눈을 감았고, 또 다른 사람도 그의 뒤를 이어 죽고 말았다. 이 모든 것은 잠깐 사이에 일어난 일이다. 이것에 대한 결론은 무엇인가? 너는 항상 얼마나 인생이 짧고 덧없는지에 대해 알아야한다. 어제는 점액粘液이었다가 내일은 미라나 재로 변한다. 그러므로 올리브 열매가 무르익으면 자기를 낳아준 대지를 축복하고 자기를 자라게 한 나무에 감사하면서 떨어지는 것처럼, 누구라도 본성과 조화를 이루며 시간의 아주 작은 파편 같은 짧은 인생을 지나 기쁜 마음으로 이곳을 떠나가야 한다.

---

63) 헬리케Helice는 이기이이Achaea에 있던 그리스의 도시로, 기원전 374년에 갑자기 지진으로 바다에 수몰되었다.

64) 폼페이Pompei와 헤르쿨라네움Herculaneum은 캄파니아 지방에 있던 로마의 도시들로, 79년 8월 24일에 있었던 널리 알려진 베수비우스Vesuvius 화산 폭발로 완전히 파괴되었다.

49. 파도가 끊임없이 밀려와 부서져도 견고히 서 있으며, 주위의 소용돌이치는 바닷물을 잔잔하게 하는 바위로 된 갑岬처럼 되어라.

'이러한 일이 내게 일어난 것은 불운이다.' 아니, 그렇게 말하지 말고 '이런 일이 내게 일어났지만 고통 없이 감내할 수 있었고, 여전히 나는 현재의 일로 괴롭힘을 당하지 않고 장래 일도 두렵지 않으니, 나는 행운의 사람이다.'라고 하라. 그러한 일은 누구에게나 일어날 수 있지만, 모든 사람이 고통을 수반하지 않고 견딜 수 있는 것은 아니다. 그런데 왜 정작 네 안에 그것을 견딜 만한 능력이 있는데도 그것을 행운이라고 보지 않는 것이냐? 왜 너는 인간의 본성에서 벗어나지 않은 것을 불운이라고 말하는가? 그의 본성의 목적에 어긋나지 않는 것을 인간의 본성을 벗어난 어떤 것이라고 할 수 있는가? 너는 본성의 목적이 무엇인지 배웠다. 그러면 너로 하여금 정의, 고양된 정신, 절제, 지식, 신중함, 정직함, 존경심, 자유, 그 밖의 본성을 따르는 다른 자질들을 갖추도록 하는 것에서, 네게 일어난 어떤 일이 그렇게 되는 것을 막고 있는가? 그러므로 앞으로 슬픈 일이 초래될 수 있는 모든 것에 다음과 같이 '이 일은 불운이 아니라, 오히려 이를 견디어 내는 것은 행운이다.'라는 원리를 적용하라.

50. 비철학적이긴 하나, 오래 살기 위해서 매달렸던 사람들을 열거해보는 것도 죽음을 받아들이는 데 효과적인 도움을 준다. 그들은 좀 더 일찍 죽은 사람들에 비해서 무엇을 더 얻었는가? 어찌 되었든 그들도 지금은 모두 그들의 무덤에 누워 있지 않은가. 카디키아누스,

파비우스, 율리아누스, 레피두스,[65] 그 밖의 많은 장례식에 참석했던 다른 사람들도 결국은 모두 자신들의 무덤에 누워 있다.

사실 우리가 가야 할 거리는 짧다. 그리고 우리는 가난한 이웃들과 허약한 육신을 이끌고 수고를 짊어지고 살아가고 있다. 그렇다면 인생은 그리 대단한 것도 아니다. 네 뒤에는 거대한 심연의 시간이 있고, 네 앞에는 또 다른 무한대의 시간이 있다는 것을 생각해보라. 이러한 관점에서 본다면 3일을 살다가 죽은 유아의 삶과 3세대를 걸쳐 산 네스토르[66]의 삶이 무슨 차이가 있겠는가?

51. 항상 지름길로 달려가라. 본성이 인도하는 길은 지름길이다. 너의 말과 행동의 모든 면을 건전하게 해줄 그 길로 가라. 그 길의 목적은 인간에게 수고로운 힘든 일과 마지못해 살며 남에게 보여주기 위한 모든 것으로부터 자유로움을 얻게 하는 것이다.

---

65) 카디키아누스Cadicianus, 파비우스Fabius, 율리아누스Julianus, 레피두스Lepidus는 확실하게 알려진 바는 없지만, 짐작컨대 장수했던 사람들이라서 마르쿠스가 지적하기에 좋은 예시가 된 것 같다.
66) 네스토르Nestor는 호메로스의 『일리아스』에 나오는 노장군을 말한다.

제 5 권

1. 날이 밝아올 무렵에 잠자리에서 마지못해서 일어날 때에는 이런 생각을 가져라. '나는 인간으로서 해야 할 본분本分을 행하기 위해 일어나는 것이다. 나는 그 일을 하기 위해 태어났고, 그 일로 인해 세상에 존재하게 되었는데, 그런데도 여전히 그 일에 대한 불만을 가질 수 있단 말인가? 나는 침상에서 담요를 뒤집어쓰고 따뜻함을 느끼려고 태어난 것이 아니지 않는가?'

'하지만 이렇게 있는 것이 더 즐겁기는 하다.' 그렇다면 너는 쾌락만을 위해서 태어난 것인가―행함이 없고 단지 감각만을 위해서 태어난 것인가? 작은 초목, 작은 새, 개미, 거미, 꿀벌들과 같은 모든 것도 각자에게 맡겨진 소임을 수행하고 있다는 것과, 세상의 질서를 따라 각자 자신만의 길에서 서로의 유익을 위해 상생相生하며 살고 있는 것이 너에게는 보이지 않는가? 그런데도 너는 인간으로서 마땅히 해야 할 일을 외면하고 있고, 네 자신의 본성이 요구하는 일들을 하기 위해 서두르지 않고 있다. '하지만 누구에게나 얼마간의 휴식은 필요하지 않은가.' 참으로 누구에게나 휴식은 필요한 법이라는 것에는 나도 동감한다. 하지만 자연은 먹고 마시는 것에 한계를 정해 놓은 것처럼 또한 휴식에도 한계를 정해 놓았다. 그런데 너는 그 한계를 이미 지나쳤으며, 너는 필요 이상의 것을 이미 다 소진했다. 그러나 네가 해야 할 일들을 더는 하지 않고 있으며, 너의 능력에 미치지 못하는 그러한 형편에 놓여있다.

중요한 점은 네가 네 자신을 사랑하지 않고 있다는 것이다―만약 네 자신을 사랑했다면, 분명히 너는 자신의 본성과 그 본성이 의도하는 바를 사랑했을 것이다. 한편 자신이 즐기는 일이나 자신이 빠져들 만한 일을 하는 사람은 목욕이나 밥 먹는 일도 제쳐두고 그 일에 몰두한다. 하지만 너는 네 자신의 본성을 대장장이가 금속 가공을, 무용수가 춤을, 축재자蓄財者가 돈을, 과시하고자 하는 자가 자기의 짧은 순간의 명성을 위한 것보다 소중하게 여기고 있지 않다는 것이다. 그런 사람들은 자기들이 좋아하는 그런 일에서 무엇인가 두각을 나타내고자 먹고 자는 것도 잊어버리고 열정적으로 그 일에 임한다. 그런데 너는 사회의 공익을 위한 일이 그런 일보다 중요하지 않으며, 노력할 가치도 없다는 것이냐?

2. 우리의 생각 속에 있는 고질적이고 이질적인 모든 느낌을 떨쳐

버리고 지워버리면, 곧바로 완전한 평온이 찾아온다는 것은 얼마나 위로가 되는 일인가?

3. 본성에 따르는 모든 말과 행동이 너에게 부여한 권리로 판단하고, 차후에 어떤 비판이나 다른 사람들의 말에 설득당하지 않아야 한다. 어떤 것을 말하거나 행하는 것이 선한 경우에는, 너의 그 권리를 가지고 그 일을 그만두어서는 안 된다. 다른 사람들도 그들 자신의 이성에 의해 인도되며 그들 자신의 충동에 의해 행동하는 것이다. 너는 이런 어떤 것들에도 요동하지 말고, 네 자신의 본성과 우주의 본성을 따라 올곧게 앞을 향해 끊임없이 나아가라. 이 두 가지는 하나이며 같은 길이다.

4. 나는 죽어 안식을 찾을 때까지 본성의 길을 따라 살리라. 내게 매일 호흡을 제공한 대기 속으로 나의 마지막 숨을 쉬면서, 내 아버지에게서 그의 씨앗을, 내 어머니에게서 그녀의 피를, 내 유모에게서 그녀의 젖을 공급해 준 대지 위에 쓰러질 것이다. 대지는 그토록 오랜 기간 동안 날마다 내게 먹을 것과 마실 것을 마련해주었고, 내가 발로 무수히 밟고 걸어 다녔던 모든 길에서 나를 굳건히 버티게 해주었다.

5. 너는 지적 능력으로는 다른 사람들에게 존경 받지 못할 수도 있다. 그러나 네게 있는 다른 많은 자질로 인하여 '나는 무언가 될 만한

걸 가지고 있지 않다.'고 말할 수는 없다. 전적으로 네 자신의 능력인 덕목들을 열거해 보라—진실함, 자신감, 성실함, 극기심克己心, 자족감, 검소함, 자비심, 독립심, 소박함, 신중함, 관대함 등이 있다. 너는 재능과 소질이 부족하다고 변명할 수 없는 얼마나 많은 덕목을 네가 열거할 수 있는지를 너는 알고 있지 않느냐? 그런데도 너는 스스로 여전히 낙후된 기준에 머물며 자신에 대한 평가를 낮추려고 하는가? 아니면 너는 네게는 타고난 재능이 없다는 것을 구실 삼아서 자신의 신세에 대해 넋두리를 늘어놓고 인색하게 굴며, 너의 허약한 육신만을 탓하고 알랑거리며 허세를 부려 네 정신적인 혼란만 가져오게 하겠는가? 하늘에 맹세코 그래서는 안 된다! 너는 오래전에 이 모든 것에서 벗어날 수 있어야 했고, 게으르고 이해력이 부족해도 거기에서 변화되어야만 한다. 그러나 네가 무시하거나 어리석은 짓을 즐기지 않으면 노력하면서 극복해나갈 수 있다.

6. 첫 번째 부류의 사람들은 남에게 호의를 베푼 경우에 거기에 대한 보답을 받기를 원한다. 두 번째 부류의 사람들은 보답을 원하진 않지만, 자기가 상대방에게 베푼 일을 잊지 않고 그 사람을 자신에게 빚진 자로 여긴다. 세 번째 부류의 사람들은 마치 포도나무가 포도송이들에게서 그 자신의 열매를 맺는 것 외에 아무것도 바라지 않는 것처럼, 자신이 호의를 베푼 것에 대해 그 어떤 대가를 바라지 않는다. 그것은 마치 목표를 향해 달리는 경주마와 같으며, 사냥감을 추적하는 사냥개와 같고, 열심히 꿀을 모으는 꿀벌과도 같이, 선한 행동을

하는 사람은—포도나무가 적절한 시기에 또다시 열매를 맺기 위해 준비해나가는 것처럼, 자기가 한 행동을 곧 잊어버리고 또 다른 선한 행동을 하기 위해 나아간다.

그렇다면 너는 어떤 의미에서 그들 중 하나와 같이 자신이 행한 선한 일에 대해 의식을 하지 말아야 한다. '그렇다, 하지만 누구나 자기가 무엇을 하고 있는지는 의식해야 되지 않겠는가. 자신이 사회적 존재로서 사회적 활동에 대해 익히 알고 있어야 하고, 또한 자신의 동료들도 그런 일에 대해 익히 알기를 원하므로 그러한 이유들로 인해 그런 선한 행동들은 분명히 밝혀져야만 한다.'고 말할 수도 있겠다. '그게 사실이긴 하지만, 너는 내가 지금 지목하는 요점에 대해서 이해하지 못하고 있다. 그러한 연유로 인하여 너는 내가 언급했던 첫 번째 부류에 속한 한 사람이 되고 말 것이다. 그들 역시 타당성 있어 보이는 논리를 펴는 어떤 사람들에 의해 잘못된 길로 빠져든 것이다. 그러나 내가 지적한 의미를 새겨듣고 따르기를 원한다면, 그러한 태도는 너로 하여금 사회적 활동을 하는 데 결함이 없도록 인도하여 어떠한 두려움도 갖지 않게 할 것이다.'

7. 아테네인들의 기도: '비, 비를 내려주소서, 제우스 신이여. 아테네의 경작지와 평원에 비를 내려주소서.' 기도는 이처럼 단순하며 솔직한 마음으로 하든지, 아니면 전혀 하지 말든지 하라.

8. 아스클레피오스[67]는 사람들에게 말을 타거나 냉수욕을 하거나 맨발로 걷기와 같은 처방을 내렸다고 흔히 전해져 내려오는 것처럼, 우주의 본성은 사람들에게 질병이나 불구나 손실이나 또는 어떤 다른 고통을 처방했다고 말할 수 있다. 전자의 경우 '처방했다'는 것은 '사람들에게 그들 각자의 건강에 도움을 줄 수 있는 처방전을 지시한 것'이라는 의미를 가진다. 그리고 후자가 의미하는 것은 각 사람에게 일어나고 있는 이러한 현상은 그들의 운명을 좋은 방향으로 이끌기 위해서 결정된 것이라 할 수 있다. 성벽이나 피라미드를 쌓기 위한 거대한 네모난 돌들이 분명한 상호 관계 속에서 잘 맞아 떨어졌을 때 석공들이 '적합하다'는 말을 쓰는 것처럼, 우리는 우리에게 일어나고 있는 모든 일을 적합하다고 말할 수 있다.

만물을 거느리는 우주에는 하나의 조화가 존재한다. 모든 사물의 몸체들이 서로 결합하여 세계라는 하나의 몸체가 되듯이, 모든 원인들도 서로 결합되어 하나의 운명을 형성하는 원인이 된다. 아무리 비철학적인 자들도 내가 말하는 의미를 직감할 수 있다. 그들도 '운명이 그에게 그 일이 일어나도록 했다.'고 말한다. 그 일이 그에게 일어나도록 했다면, 그것은 또한 누군가에 의해서 그에게 처방되었다는 의미이기도 하다. 그러므로 우리는 아스클레피오스의 처방을 받아들이듯이 해야 한다—많은 사람이 너무나 거부감을 가지기도 했으나,

---

67) 아스클레피오스Asklepios는 그리스 신화에서 치유와 의술의 신으로서, 그의 신전과 의식은 펠로폰네소스 반도의 에피다우루스에서 기원후 5세기부터 유명했다. 라틴어 이름은 아이스쿨라피우스Aesculapius다.

건강해질 것이라는 희망으로 기꺼이 받아들였다. 이와 같이 우리도 우리에게 내려진 이 운명의 처방전을 기꺼이 받아들이자.

너는 우주의 본성이 과정과 완성을 위해 고안한 것은, 너를 건강하게 하기 위한 것이라는 신념으로 받아들여야 한다. 그 일이 네게 고통스러울지라도 네게 일어난 일들을 환영하며 받아들여야 하는 것은, 그 일이 갖는 목적이 우주의 건강과 제우스의 번영과 성공을 이끌어내는 것이기 때문이다. 제우스는 우주 전체에 유익을 가져다주지 않는 것을 처방하지도 않고, 어느 누구에게도 그러한 처방을 내리지도 않는다. 어떠한 본성의 원리든지 본성이 다스리는 자에게 부적합한 일들을 일으키지는 않는다.

따라서 왜 네게 일어나는 모든 일에 만족해야 하는지에 대해서는 두 가지 이유가 있다. 첫째는 그 일들은 너를 위해 일어난 것이고, 너를 위해 처방된 것이며, 너와 관련된 것이고, 태초부터 시작된 원인들로 너를 위한 운명의 실로 짜였기 때문이다. 둘째는 모든 사람에게 개별적으로 일어나는 일들은 우주 전체를 다스리는 관점에서 볼 때에는 우주의 안녕과 완전과 존속을 가능케 하는 원인이 되기 때문이다. 네가 그것을 구성하는 부분들과 원인들에 연관되어 있으며, 연속된 아주 작은 것이라도 잘라낸다면 우주는 완전함을 잃은 불구가 되고 만다. 그런데도 너는 너의 운명에 대해 불만을 가질 때, 네가 힘이 미칠 수 있는 데까지 그 연관성과 연속성을 잘라내 버린다면, 어느 정도는 우주의 완전함을 파괴하는 결과를 가져온다.

9. 네가 행하는 모든 일에 있어 올바른 원리들을 따라서 익숙하게 행하는 것을 알아내지 못했다 해도, 지루해 하거나 짜증을 내거나 포기하지 말라. 네가 넘어졌다면, 다시 돌이켜서 도전하고, 네 행동의 대부분이 인간적인 측면에서 바르게 살려고 애쓰고 있다는 것을 기뻐하라. 그리고 네가 돌아선 그 바른 길을 사랑하라. 마치 어린 학생이 엄격한 스승을 대하듯이 철학으로 돌이키지 말고, 안질에 걸린 환자가 해면과 달걀을 찾듯이, 다른 환자들이 습포제와 연고를 찾듯이 그렇게 철학으로 돌아가야 한다. 그렇게 한다면 너는 이성에 순종하는 것이 크고 막중한 짐이 아니라 도리어 안식의 원천이 되리라는 것을 증명하게 될 것이다. 철학은 너의 본성이 원하는 것들만을 원한다는 것도 기억하라. 그것에 비해 너는 너의 본성적이지 않은 어떤 것을 원하고 있다. 지금 무엇이 너를 본성이 요구하는 것보다 더 즐겁고 유쾌하게 할 수 있는가? 이와 같은 길은 우리들로 하여금 쾌락으로 실족하게 한다. 하지만 관대함, 자유로움, 소박함, 신중함, 경건함 속에 너를 더 즐겁게 해줄 만한 것이 있는지에 대해 살펴보고 알아보라. 네가 명확하게 생각하며 인식과 이해의 능력이 끊임없이 샘솟듯 한다면, 무엇이 그 자신의 지혜보다 더 즐거운 것일 수 있겠는가?

10. 휘장과 같은 것으로 에워싸인 실체實體들은 이를테면 신비에 싸여있는 것으로, 탁월한 여러 철학자들도 그것을 인식하는 것은 불가능하다고 생각했고, 심지어 스토아 철학자마저도 이해하기 어렵다고

생각했다. 우리의 지각知覺을 통해 주어진 것으로 인해 우리가 매번 해야만 하는 결정에는 실수가 있을 수도 있다. 그리고 실수를 범하지 않는 인간은 없다. 건너뛰어서 이번에는 우리에게 인식되는 대상들을 돌아보면, 얼마나 그것들은 허무하고 가치 없는 것들인가. 남창이나 창녀나 도둑도 그런 것들은 소유하고 있다. 이번에는 너의 동료들이 어떠한 성품들을 지녔는지 알아보자. 자기 자신조차도 용납하기 힘들어 하는 것은 말할 것이 없고, 그 사람들 중에서 가장 인품이 있는 사람조차도 용납하지 못하는 자들이 아닌가.

　이런 어두움과 추악함이 가득한 곳, 곧 존재와 시간과 운동과 유동하는 모든 물체가 끊임없이 변화하는 곳에서, 그 무엇이 이러한 세상에서 가치가 있다고 여겨지거나 추구할 만한 대상이 되리라는 생각은 할 수 없다. 도리어 그 반대로 우리는 우리 자신이 언젠가 자연의 법칙인 죽음으로 자유롭게 될 것을 위로로 삼고, 그날이 더디 온다고 안달하지 말고, 오직 다음과 같은 두 가지 생각으로 평온의 삶을 살아야 한다. 그 하나는 우주의 본성에 따르지 않는 어떤 일도 내게 일어나지 않는다는 것이고, 다른 하나는 신과 내 안에 있는 신성을 거스르는 일을 하지 않을 수 있는 자제력이 내게는 있다는 것이다―나를 강요해서 이것을 거스르게 할 자는 없다.

　11. 그러면 지금 나의 혼은 무엇을 위해 일하고 있는가? 모든 일에서 늘 네 자신에게 이 질문을 하라. 다음과 같은 물음으로 네 자신을 시험해보라. '나에게서 지배적 정신이라고 불리는 부분이 지금 무

엇을 하고 있는가? 내가 지닌 내 혼은 어디에 속하는가? 어린아이의 혼인가? 소년의 혼인가? 여자의 혼인가? 폭군의 혼인가? 가축의 혼인가? 야수의 혼인가?'

12. 대다수의 사람들이 어떤 것들을 '좋은 것'이라고 여기는지에 대해 알아보는 한 가지 방법이 있다. 네가 지혜와 자제력과 정의와 용기 같은 것들을 진실로 좋은 것들로 생각한다면, 네 생각 안에 이러한 것들로 인하여 너는 이제 '좋은 것들은 너무나 많다.'[68]는 시인의 말을 더는 신뢰할 수가 없게 될 것이다. 그 말은 여기에 해당하는 말이 아니기 때문이다. 반면에 대다수의 사람들이 좋다고 생각하는 것들을 너도 좋은 것들이라고 생각하고 있다면, 너는 저 희극시인이 한 말을 정당한 말이라고 여기며 경청하여 기꺼이 받아들일 것이다. 대다수의 사람들도 이 두 경우의 차이를 알고 있다. 그렇지 않다면, 사람들은 그러한 말에 모멸감을 느끼며 배척하지 않을 것이며, 오히려 부와 사치와 명성의 영광을 가져오는 것으로써 효과적이고 재치가 넘치는 만담漫談으로 받아들여질 것이다. 그러면 더 나아가 우리는 '그의 집에는 너무 좋은 것으로 넘쳐나서 용변 눌 자리도 없다.'고 사람들이 적절한 표현으로 말하는 그렇게 많은 것들을 좋은 것들로 평가

---

68) 이 말은 그리스의 희극시인 메난드로스Menandros(기원전 342~292년경)의 희곡 『유령』에 나온다. 일반적인 사람들과 철학자들 간에 '좋은 것들'에 대한 개념의 근본적인 차이점은 『명상록』에 빈번하게 거론되는 주제임이 분명하다. 일반적인 사람들이 생각하는 '좋은 것들'이란 부와 건강, 의복과 집, 평판과 어떤 과시적인 요소와 배경이지만, 마르쿠스를 비롯한 스토아 철학자들에게는 이런 것들을 '무관심해야 할 것들'로 여기는 것이 미덕이었다.

하고 가치 있게 여길 수 있는 것인가에 대해서도 물어야 한다.

13. 나는 인과因果의 관계와 질료質料로 구성된 존재다. 이들 중 그 어느 것도 무에서 생겨난 것이 아닌 것처럼, 무로 소멸되지도 않는다. 따라서 나를 구성하고 있는 모든 부분은 변화에 의해서 우주의 또 다른 어떤 부분에 배치될 것이고, 그 부분들은 또다시 변화를 거쳐 우주의 또 다른 부분에 배치되는 것으로, 이러한 변화는 무한히 계속될 것이다. 이와 유사한 일련의 변화 속에서 나라는 존재가 생겨났고, 나 이전에 나의 부모가 생겨났으며, 이렇게 해서 또 다른 무한대로 회귀한다. 우주가 일정한 주기에 따라 순환되는 것이라 해도 이러한 주장을 막을 수는 없다.

14. 이성과 추론의 기술技術은 그 자체의 본성으로서나 결과물을 가지고도 스스로 결정할 수 있는 능력을 가지고 있다. 그것들은 관련 있는 전제前提에서 시작해서 제안된 목적을 따라 행한다. 이러한 행위들을 '올바른 행동'이라고 부르는 이유는, 그 행위들이 올바른 길을 따라 나아가기 때문이다.

15. 누구나 인간으로서의 그에게 할당된 반드시 필요한 것에 속하지 않는 그 어떤 것들에도 주의를 기울여서는 안 된다. 그러한 것들은 인간에게 요구되는 것도 아니고, 인간의 본성이 주장하는 것도 아니며, 인간의 본성을 완성하는 것도 아니다. 따라서 그러한 것들은

인간이 목표로 하는 것도 아니며, 목표의 수단이 되는 것, 곧 선도 아니다. 더 나아가 그 어떤 것이 인간에게 필요한 것이라면, 그것들을 무시하거나 거부하는 것은 그에게는 필요하지 않게 된다. 우리는 그러한 것들이 그 자신에게 필요하지 않은 것이라고 밝히는 사람을 칭찬하지는 않는다. 만약 그러한 것들이 진실로 '선한 것들'이라면, 그것에 대해 자신이 해야 할 충분한 할당을 채워나가는 데 실패한 자도 선한 사람이라고 할 수 없다. 하지만 실제로는 인간이 반드시 필요한 것에 속하지 않는 것들이나 그와 비슷한 것들에 그 자신을 빼앗기지 않고 지키며, 그에게서 그러한 것들을 빼앗아가는 것조차 참고 견디어낼 수 있다면, 그를 더 선한 자라 하겠다.

16. 너의 정신은 자주 하는 생각들로 인해서 성격을 형성해나간다. 혼들은 생각으로 인해 물들여진다. 그러므로 계속해서 다음과 같은 생각들로 너의 혼을 물들여라. 예를 들면 사람이 살아갈 수 있는 어느 곳에서도 선한 삶을 살 수 있다. 사람은 궁정에서도 살아갈 수 있기 때문에, 그러므로 선한 삶은 궁정에서도 가능하다. 또한 각각의 존재는 어떤 목적을 위해 만들어졌으며, 자신을 만들게 한 그 목적을 향해 나아간다. 그러므로 각각의 존재가 지향해나가는 곳에 그 존재의 목적도 있다. 그리고 존재의 목적이 있는 그곳에는 각각을 위한 유익과 선도 있다. 그런데 이성적인 존재가 선을 따른다는 것은 공동체 의식을 갖는 것을 의미한다. 우리가 이러한 공농체 의식을 갖고 태어난 존재라는 사실은 이미 앞에서 말한 바 있다―열등한 것은 우

월한 것을 위해 존재하고, 우월한 것은 서로를 위해 존재한다는 것은 밝힌 바 있지 아니한가? 그러나 생명이 있는 것은 생명이 없는 것보다 우월하며, 이성적인 존재는 단순한 생물체보다 우월하다.

17. 불가능한 것들을 추구하는 것은 광기 어린 짓이다. 그리고 악인들이 그들의 성품과 다르게 행동하는 것도 불가능하다.

18. 어느 누구에게도 자신의 본성으로 감당할 수 없는 일은 일어나지 않는다. 다른 사람에게도 너에게 일어난 것처럼 동일한 일이 일어났다. 그러나 그들은 자기에게 무슨 일이 일어났는지를 전혀 인식하지 못했거나 또는 자신의 용기를 과시하고자 하는 의도에서 어떤 문제의식도 갖지 않으며 평정을 유지한다. 무지와 허영이 지혜보다 더 강할 수 있다는 것은 참으로 이상한 일이 아닐 수 없다.

19. 사물들 그 자체는 혼에 전혀 영향을 끼칠 수 없고, 그것들은 혼 속으로 출입할 수도 없으며, 바꾸거나 움직일 수도 없다. 오직 혼만이 그 자신을 바꾸고 움직이며, 외부적으로 제시된 모든 것을 자신의 적합한 기준으로 생각하고 판단하여 논리정연하게 만든다.

20. 우리의 의무가 인간에게 선을 베풀고 용납하는 것이라는 점에서 인간은 우리에게 가장 친밀한 존재다. 그러나 어떤 이들은 내가 올바른 일을 하는 데 방해가 된다는 점에서는 해나 바람이나 짐승 같

이 내가 무관심할 수밖에 없는 그런 범주에 속하기도 한다. 그러나 그들이 나의 행동에 어떤 방해를 할 수 있다고 해도, 나를 충동하여 자극하거나 나의 기질에 방해되는 일을 할 수 없는 것은, 나에게는 조건에 맞을 때에만 승낙하고 상황에 적절하게 적응할 수 있는 능력이 있기 때문이다. 나의 정신은 그 목표에 도움이 되는 행동을 하는 데 방해되는 어떤 장애물에도 적응하며 서로 어울리도록 한다. 주어진 일을 하는 데 장애가 되었던 것을 돌이켜 오히려 그 일을 진척시키는 역할을 하게 하며, 길을 막고 있던 장애물이 오히려 길을 열어주는 것이 되게 한다.

21. 우주 안에서 최고의 능력자를 숭배하라. 그는 바로 만물을 유용하게 만들고 만물을 지배한다. 마찬가지로 네 자신 안에 있는 최고의 능력을 높이라. 네 안에 있는 그 능력은 우주 안에서 최고의 능력자인 그의 능력과 유사하다. 네 안에 있는 능력 역시 네 안에 있는 모든 것을 유용하게 만들며, 너의 삶을 그 능력으로 지휘한다.

22. 국가[69]에 해를 끼치지 않는 것은 국민에게도 해를 끼치지 않는다. 네가 해를 입었다는 생각이 들 때마다 이 기준을 적용하라. 국가가 그 일로 해를 입지 않았다면, 나 또한 해를 입지 않은 것이다. 반면에 국가가 해를 입었다면 너는 분노하지 말고 해를 입힌 자에게 그

---

69) 여기에서 국가는 우주를 말한다.

가 무엇을 알지 못하고 행했는지에 대해 증거나 실례를 들어가며 납득이 가도록 설명해주어라.

23. 존재하고 있는 것들이나 존재하기 위해 생성되고 있는 것들이 얼마나 신속하게 지나가며 사라져버리는지 자주 생각하라. 존재하는 것들은 끊임없이 흐르는 강과도 같다. 그것의 활동은 끊임없는 변화의 연속이며, 그 원인은 다양하고 셀 수 없이 많다. 가장 긴급하게 멈추고 싶은 일이 있다 해도, 그 어떤 것도 정지된 상태로 버티게 할 수는 없다. 깊은 골과 같은 과거의 시간과 미래의 시간이 있으며, 모든 것은 그곳으로 사라져버린다. 이런 모든 상황 속에서 야망에 들떠 있으며, 허우적거리며 자신을 괴롭히거나 자신의 운명에 분개하는 자는 판단력이 부족한 자임에 틀림없다. 마치 어떤 일들이 끝없이 지속되거나 장기간의 문제가 될 수 있다는 판단을 하기 때문이다.

24. 우주라는 실체에 대하여 생각하라. 너는 그것의 아주 작은 부분에 해당한다. 우주의 시간에 대해서도 생각하라. 너는 그것 가운데서 짧고 빠르게 순식간에 지나가버리는 시간을 배정받았다. 운명에 대해서도 생각하라―너는 우주 전체의 운명의 어느 부분에 해당하는가?

25. 다른 사람이 잘못을 했다. 그것은 나와 무슨 상관이 있는가? 하지만 그로 하여금 그 일에 대하여 알게 하라. 그에게는 그 자신만

의 기질이 있고 그 나름대로의 행동을 한다. 나는 우주의 본성이 지금 내게 주고자 하는 것을 가지고 있고, 나의 본성이 지금 내게 하기를 원하는 것을 행하고 있다.

26. 네 혼을 지배하고 다스리는 부분이 네 육신의 상황에 의해서 영향을 받지 않지 않도록 해야 하고, 육신이 원활하거나 문제가 있더라도, 그 부분으로 하여금 독립성을 유지해나가도록 해야 한다. 그리고 그 자신만의 영역과 영향을 미치는 부분들이 행하는 역할의 범위를 분명하게 하라. 그렇지만 유기체에서 반드시 발생하는 것으로, 감정적으로 공감을 일으켜 반전反轉의 길을 따라 정신에까지 전달되고 영향을 주게 되면, 그것을 불러온 감정적 인식에 대해 부인하지 않도록 해야 한다. 또한 너를 지배하는 정신으로 하여금 그러한 인식에 대해 선악 간의 그 어떤 판단도 더하지 않도록 해야 한다.

27. 신들과 함께 살아가라. 그의 혼이 자신에게 주어진 운명에 늘 만족하고 있으며, 제우스가 각 사람을 지키며 인도하도록 허락한 그 자신의 분신인 신성이 원하는 것을 수행하고 있다는 것을 신들에게 끊임없이 보여주는 사람은 신들과 함께 살고 있는 자들이다. 우리 각자에게 있어 신성이란 우리의 정신과 이성을 뜻한다.

28. 너는 겨드랑이에서 암내가 나고, 입 냄새를 풍기는 사람에게 화를 내느냐? 그렇다고 네가 그에게 무엇을 하라고 하겠는가? 그 사

람들의 냄새나는 겨드랑이와 입은 어쩔 수 없는 것으로, 그들이 악취를 풍기는 것은 피할 수가 없다. '하지만 그 사람도 주의를 기울여서 살펴보면, 왜 사람들이 그에게 화를 내고 있는지를 알아낼 수 있을 것이다.'라고 너는 말한다. 정말 옳은 말이다! 그러나 너는 이성을 가진 존재다. 그렇다면 네가 이성을 가지고 그 사람의 이성으로 하여금 도리에 대하여 깨우치도록 하라—그에게 알게 하고 말하라. 그가 네 말을 경청한다면, 너는 그를 치유하게 될 것이고, 화를 낼 필요도 없게 될 것이다. 그러므로 위선자나 창녀처럼 굴지 말라.

29. 너는 이 세상을 떠난 후에 네가 어떻게 살리라고 생각한다면, 여기 이 세상에서도 네가 생각하는 대로 살 수 있다. 그러나 그러한 삶이 네게 허락되지 않는다면, 네가 이 세상을 떠날 때가 된 것이다. 하지만 그때에도 너는 그 어떤 불행으로 인해서 이 세상을 떠나는 것처럼 보여서는 안 된다. '불이 나고 연기가 나서, 나는 집을 떠난다.'[70] 왜 너는 세상을 떠나는 것을 어떤 큰일처럼 생각하는가? 하지만 그러한 일이 나를 이 세상에서 밀어내지 않는 한에는, 나는 자유인으로 여전히 살게 될 것이고 내가 원하는 것을 하며 살아가는 것을 아무도 방해할 수가 없을 것이다. 그리고 내가 원하는 것은 이성적이고 사회적 존재로서 본성에 따르는 것이다.

---

70) 에픽테토스의 말을 인용한 것이다.

30. 우주의 지력知力은 사회적 지력이다. 그 정신은 우월한 것들을 위해 열등한 것들을 만들었고, 우월한 것들은 서로에 대해 상생협력 관계에 놓여 있다. 너는 어떤 생물체들은 종속시키고, 다른 것들은 조직화하면서, 그 모든 것이 적절한 위치를 잡게 해주고, 우월한 존재들은 하나의 정신으로 결속되도록 했다는 것을 볼 수 있다.

31. 너는 이제까지 신들, 부모, 형제, 아내, 자녀, 스승들, 개인교사들, 친구들, 친척들, 하인들을 대할 때 어떻게 처신했는가? 지금까지 너는 그들 모두에게 '악한 말이나 행동을 하지 않았다.'[71]고 말할 수 있을 만큼 도리를 다했는가? 지금까지 너는 네 자신이 무엇을 겪어왔고, 견디기 위해 힘쓴 것을 상기해보라. 너의 삶의 역사는 충분히 기록되었으며, 너의 모든 수고의 끝은 다가왔다. 너는 얼마나 많이 아름다운 일들을 보아 왔고, 얼마나 많이 쾌락과 고통을 무시했으며, 얼마나 많이 영광을 포기했으며, 얼마나 많이 냉정한 사람들에게 친절을 베풀었는가.

32. 왜 숙련되지 못하고 무지한 정신들이 유능하고 지혜로운 정신들을 당혹하게 만드는가? 자, 그럼 어떠한 정신이 유능하고 지혜로운 정신인가? 처음과 마지막을 알고 모든 존재에 대한 정보를 익히 알고 있으며 영원히 정해진 주기에 따라 우주를 다스리는 이성의 법

---

71) 고대 그리스의 서사 시인 호메로스의 『오디세이아』 제4권 690행을 인용한 말이다.

칙을 아는 것이라 하겠다.

33. 너는 얼마 있지 않아 완전히 재가 되거나 앙상한 뼈만 남고, 겨우 이름만 남기거나 아니면 이름조차도 남기지 않게 된다. 이름을 남긴다고 해도, 그것은 단지 소리와 메아리에 불과할 뿐이다. 우리가 살아 있을 때 '소중한 것들'은 공허하고, 썩어갈 것들이며, 보잘것없는 것들이다. 그것은 마치 강아지들이 서로 달려들어 물어뜯고, 아이들은 티격태격 다투며, 웃다가도 곧바로 돌아서서는 눈물을 쥐어짜는 것과도 같다. 그러나 성실함과 경건함과 정의로움과 진실함은 '대지의 넓은 길을 지나 올림포스로 올라간다.'[72]고 한다.

그렇다면 무엇이 남아 있어서 너를 이 세상에 머물도록 하는가? 감각의 대상들은 늘 변하고 불안정하며, 감각기관은 그 자체가 모호하여 제멋대로 충동에 사로잡히며, 우리의 혼은 혈액에서 내뿜는 증기에 불과하다면, 그러한 세상에서 명성을 얻는 것도 다 부질없는 일이 아닌가? 그러므로 인생이 소멸되든지 또 다른 개체로서 변형되든지, 잠잠히 그 마지막을 기다리는 것이다. 하지만 우리에게 그때가 올 때까지 요구되는 것은 무엇인가? 오직 신들을 섬기고 찬양하며, 사람들에게 선을 행하는 것인데—이는 모든 일에 참고 견디어내는 것을 말한다. 하지만 우리의 연약한 육신과 짤막한 호흡의 한계 안에

---

72) 기원전 8세기경의 그리스 시인 헤시오도스Hesiodos가 쓴 『일과 나날들Ergakai Hemerai』 197행을 인용한 것이다.

있는 이 모든 일은 너의 일도 아니며 네 능력 안에도 있지 않다는 것에 유념하라.

34. 네가 먼저 올바른 길을 따라갈 수 있다면, 너는 항상 너의 삶이 옳은 길을 향해가고 있다는 것을 확신하게 될 것이다—만약에 그렇다면, 너의 판단과 행동은 이성의 길을 따르는 것이라 하겠다. 신이나 인간, 모든 이성적인 존재의 혼들은 두 가지 공통점이 있다. 첫째는 어떤 외부적인 요인들로 인한 방해를 받지 않는다는 점과, 둘째는 그들이 추구하는 선이 정의로운 성품과 정의로운 행동 안에 거하는 것을 알고, 이러한 것을 기준으로 삼아 그들의 욕망을 제어할 수 있다는 점이다.

35. 내가 저지른 비행도 아니고, 어떤 잘못된 결과가 나로 인하여 발생된 것도 아니며, 사회적으로 해악을 끼치는 것이 아니라면, 왜 내가 그것으로 인해 괴로움을 느껴야 하는가? 그리고 무엇이 사회적으로 가할 수 있는 해악이란 말인가?

36. 다른 사람들이 근심하는 일에 무비판적으로 휩쓸리지 말라. 그러나 그들의 근심이 어떤 보잘것없는 손실에 대한 것일지라도, 네가 도울 수 있으며 네가 마땅히 도와야 된다고 여긴다면 최선을 다해 도우라. 그러나 그들의 손실을 정말 큰 해를 입은 것이라고 여겨서는 안 된다—그것은 잘못된 사고방식이다. 오히려 너는 놀이 중에서 어

떤 노인이 마지막에 그 장난감이 양자의 유일한 장난감이었다는 것을 결코 잊지 않으면서, 양자가 좋아하는 그 장난감을 되돌려 주는 것처럼 해야 한다. 그렇게 하면 너의 측은지심惻隱之心을 널리 알리는 것이 될 것이다—그럼에도 너는 이러한 일이 어떤 가치도 없다는 사실을 잊었느냐? '그렇다, 그러나 그런 것들이 그들에게는 소중한 것이다.' 그렇다면 너는 그런 연유들로 인해서 그들의 어리석음에 동참하겠다는 것이냐?

37. '나는 어느 때에나 행운이 따랐던 시절이 있었다.' 그러나 행운은 네 자신을 위하여 네가 결정하는 것이 참된 행운이다. 참된 행운은 혼의 선한 성향, 선한 충동들, 선한 행동들에 있다.

제 **6** 권

1. 우주의 본질은 수동적이고 가변적이며, 그 본질을 다스리는 이성은 그 자체로 악을 행할 만한 원인을 가지고 있지 않은 것은, 그 안에 전혀 악이 없기 때문이다. 이성은 어느 것도 악하게 만들지도 않고, 이성에 의해 해도 받지 않는다. 만물은 이성에 따라 시작되고 그 결국에 이르게 된다.

2. 너는 네게 맡겨진 의무를 행할 때에는 춥거나 덥거나, 졸리거나 잠을 푹 자거나, 욕을 먹거나 칭찬을 하거나, 죽음의 시점에 이르렀거나, 그 밖의 다른 어떤 것을 하거나, 이런 모든 것으로 문제가 되지 말게 하라. 죽는 일조차 살이 행동히는 일 중의 하나이므로, 그러한 상황에서도 '네가 할 수 있는 최선을 다해 이루라'고 한다면 그것으로

충분하다.

3. 내면을 들여다보라. 너는 어떤 것이든지 그것이 지닌 특별한 성질이나 가치를 간과하지 않도록 하라.

4. 존재하는 모든 것은 한순간에 변한다. 모든 물질은 하나로 결합되어 증기로 변해버리거나 원자들로 분해되어 흩어지거나 한다.

5. 우주를 다스리는 이성은 그 자신의 기질에 대해 자신이 무엇을 생성할지, 그것을 생성하기 위한 질료는 무엇인지를 안다.

6. 최고의 복수는 너의 적과 같이 되지 않는 것이다.

7. 너의 정신이 신과 함께 공익을 위한 활동에서 또 다른 공익을 위한 활동으로 이어져서, 이 한 가지 일로 너의 기쁨이 되고 위안이 되게 하라.

8. 우주를 다스리는 이성은 그 자체로 각성하며, 그 자체로 적응하며, 그 자체로 자신이 원하는 본성으로 무엇이든지 만들고, 일어나는 모든 현상을 자신이 원하는 방향으로 드러나게 한다.

9. 만물은 우주의 본성에 따라 완성된다. 밖으로 둘러싸고 있거나

안으로 둘러싸여 있거나, 어떤 외부적인 영향에 의한 다른 어떤 본성
에 준거하여 완성되지는 않는다.

10. 우주는 혼돈과 복잡하게 뒤엉킨 조직과 원자들의 해체이거나,
또는 결합과 질서와 섭리에 의한 것이라고 할 수 있다. 만약 전자라
면, 왜 무질서와 온통 어지러운 것으로 혼합된 이 세상에서 내게 주
어진 시간을 허비하며 살아야 할까? 다시 '흙에서 흙으로' 돌아가는
것 외에 내가 관심을 가질 만한 그 무엇이 있을까? 정말 불안해 하
며 살아야 할 이유라도 있는가? 내가 무엇을 한다 해도 나에게는 해
체되고 마는 날이 기어이 오고야 말리라. 하지만 후자가 진리라면,
만물을 통치하는 자 안에서 그를 숭배하고 굳건히 서서 용기백배 하
리라.

11. 상황에 얽매여서 네가 어떤 곤란스러운 일에 처했다면, 신속하
게 네 본래 자신으로 돌이키라. 되도록이면 혼란과 불규칙적인 삶에
오래 머물러 있지 말라. 끊임없이 네 자신에게로 돌이킨다면, 네가
처한 상황을 원만하게 잘 처리할 수 있게 될 것이다.

12. 네게 계모와 생모가 다 생존해 있다면, 너는 계모에게 네 할 바
를 다하겠지만, 마음은 끊임없이 생모에게 향할 것이다. 지금 너에게
는 궁정이 계모라면 철학은 생모다. 그러므로 너는 철학으로 서듭 돌
이켜서 그 안에서 위안을 얻으라. 그러면 철학은 궁정에서의 삶마저

네가 감당할 만한 것으로 보이게 할 것이고. 너는 그 안에서의 삶을 능히 이겨내게 될 것이다.

13. 구운 고기를 먹거나 그와 같은 음식이 네 앞에 놓여 있다면 얼마나 좋은가. 하지만 너는 이것이 물고기의 시체, 새와 돼지의 시체라는 인상을 받는다. 또다시 팔레르누스[73]에서 생산된 포도주는 포도송이 즙에 불과한 것이고, 자주색 예복은 조개 피로 물들인 양모에 불과하지 않은가? 성관계는 신체 세포벽의 마찰과 점액을 내보내어 배출하는 것에 불과하다. 이러한 인식은 사물의 진면목을 마음으로 깨달아 그것을 간파하여, 그것이 무엇인가를 우리로 하여금 알수 있도록 해주는 것이니 이 얼마나 좋은 일인가! 이러한 인식의 활동을 너는 평생에 걸쳐 실행해나가도록 해야 한다. 타당성이 있어 보이는 사물이라도 그것들을 벗겨내서 그 조잡함을 보아야 하며, 그것들이 스스로 자랑스럽게 여기던 것의 실체를 드러내도록 하라. 자만이야말로 이성을 가장 잘못된 길로 빠지도록 유도한다. 네가 하는 일이 가장 중요하다는 확신이 드는 바로 그때가 가장 그 일에 매혹되어 속임수에 빠져들기 쉽다. 그러한 예로 크라테스가 크세노크라테스에 대해서 한 말[74]을 생각해보라.

---

73) 팔레르누스Falernus는 북부 캄파니아 지방에 있던 유명한 포도주 산지를 말한다.

74) 크라테스Crates가 한 말에 대한 기록은 남아있지 않다. 크라테스는 기원전 4세기 후반에서 3세기 초반에 걸쳐 활동했던 견유학파 철학자이자 시인이었다. 크세노크라테스Xenokrates는 플라톤의 제자이자 기원전 339년에서 314년까지 아카데미 수장을 역임했다.

14. 대중들이 대체로 가치 있게 여기는 사물들은 고체 상태로 응집된 범주에 속하는 물체(광석, 목재)들과 자연스럽게 성장하는 것(무화과나무, 포도나무, 올리브나무)이 있다. 그들보다 우위에 속한 자들이 가치 있게 여기는 것은 생명의 원칙으로 유지되는 등급으로 가축의 떼와 짐승의 떼, 원래부터 주어진 다수의 노예들에 대한 소유권이다. 그보다 더 품위 있는 사람들은 이성적인 혼에 의해 유지되는 것들에 가치를 두고 있다―여기에서는 이성적이라고 할지라도, 그것은 단지 손재주나 다른 어떤 기술을 의미하는 것이다. 그리고 가장 존중받아야 할 최고의 가치야말로 이성적이고 정치적인 정신이라고 여기는 사람들은 더 이상 다른 것들의 가치는 소중히 여기지 않으며, 그 밖의 어떤 다른 것들에 매여 있지 않고 끊임없이 이성적이고 사회적인 역할에 주력하며, 그러한 목적을 위해서 그와 뜻을 같이하는 동료들과 협력해나간다.

15. 어떤 것들은 생성되기 위해 서두르고, 다른 것들은 소멸되기 위해 서두르며, 태어나고 있는 것의 일부가 이미 사라져버린 것도 있다. 끊임없는 시간의 흐름이 영겁의 시간을 항상 새롭게 하듯이, 흘러가는 것들과 변화하는 것들로 인해 세상은 끊임없이 새롭게 된다. 그러면 발 디딜 곳조차 없는 이 변화의 강에서, 서둘러 지나가버리는 모든 것 가운데 무엇이 그 누구에게 소중히 여김을 받을 수 있겠는가? 그러한 것에 이끌리는 것은 순식간에 날아가 사라져버린 참새에게 이끌리는 것과 같다―이미 그 참새는 그의 시야 밖으로 사라졌

다. 참으로 우리의 생명은 피에서 발산되는 증기와 공기로부터 들이마시는 호흡이다. 네가 매 순간 한 번 숨을 들이마시고 다시 공기 속으로 되돌리는 것과 네가 매 순간 하는 일이 다르지 않고, 너의 호흡할 수 있는 모든 능력—어제 또는 바로 그 이전에 태어날 때 얻은 호흡할 수 있는 능력—을 네가 처음으로 들이마신 세상에 되돌려주는 것과 다르지 않다.

16. 식물처럼 증산蒸散 작용을 하거나, 가축이나 짐승처럼 호흡을 하는 것은 아무런 가치가 없다. 감각적인 인상들에 의해 자극을 받거나, 줄에 매인 꼭두각시처럼 충동질에 돌연히 움직이는 것이 아무것도 아니요, 함께 무리지어 살아가거나, 음식을 섭취하는 것도 아무것도 아니다—나중에 이것은 음식을 섭취한 후 배뇨 작용을 일으키는 것보다 더 가치가 있는 일이 아니다. 그러면 무엇이 가치 있는 것일까? 박수를 받는 것인가, 아니다. 그러므로 입으로 박수를 받는 것도 아니다. 대중들의 찬사는 입에 발린 소리에 불과하다. 그래서 너는 무가치한 명성을 버렸다. 그렇다면 무엇이 가치 있는 것으로 남아 있는 것일까? 내 생각에는 우리 자신에게 적절한 규범에 따라 행동하고 자제하는 것이며, 이는 모든 작업과 기술이 지향해야 할 바이기도 한다. 모든 작업의 목표는 제작하고자 하는 목적에 알맞게 제품을 생산하는 것을 추구하기 때문이다. 정원사나 포도나무를 재배하는 자나 말을 길들이는 자나 개를 훈련하는 자의 목적도 이와 같다. 그리고 궁극적으로 자녀들을 열심히 훈육하고 가르치는 목적도 이와

같은 것이다.

그러므로 여기에 진정한 가치가 있는 것이다. 네가 그것을 굳건히 붙잡고 나아간다면, 네 자신을 위해 어떤 다른 것을 얻으려고 찾아 헤매지는 않을 것이다. 그런데도 너는 그 밖의 다른 모든 것을 찾아 헤매는 것을 그만두지 못하고 있는가? 그렇게 하지 않는다면 너는 자유롭지도, 네 자신에게 만족하지도, 격정에 사로잡히는 것에서도 헤어나지 못할 것이다. 너는 네게서 그러한 것들을 박탈할 수 있는 능력을 지닌 자들을 의심하여, 시기하고 질투하게 될 것이고, 네가 가치 있게 여기는 것들을 소유한 자들에 대하여 그것을 빼앗기 위한 음모를 꾸미려 들 것이다. 요컨대 이러한 것들 중에 어느 것이라도 원하는 자는 필연적으로 그 자신을 실추시키게 되며, 한걸음 더 나아가 자주 신들을 탓하며 원망하게 될 것이다. 반면에 너의 정신을 존중하고 그것에 가치를 두게 된다면, 너는 네 자신을 흡족하게 여길 것이며, 네 동료들과는 화합을 이룰 것이며, 신들의 뜻과 일치되는 삶—곧 신들이 배정하고 맡긴 일들로 인해 신들을 찬양하게 될 것이다.

17. 원소들의 움직임은 위아래로 돌고 또 돌지만 선을 행사하는 움직임은 그와 같지 않다. 그 움직임은 더욱 신성한 것이며 알 수 없는 길을 따라 성공의 길로 나아간다.

18. 얼마나 이상한 행태인가! 그들은 자신들과 동시대에 함께 살아

가는 사람들을 칭찬하는 것에 거부 반응을 보이면서도, 자신들이 본 적도 없고 결코 볼 수도 없을 후세대의 사람들에게 명성을 얻게 되는 것은 중요하게 여긴다. 하지만 그것은 마치 너 이전에 살던 선인先人들에게 너를 칭찬하지 않았다고 화를 내는 것과 같다.

19. 네가 어떤 일을 성취하기 힘들다고 해서, 다른 사람도 그 일을 해내는 것이 불가능할 것이라고 생각하지 말라. 그보다는 어떤 일을 해낸다는 것은 인간적으로 가능한 것이며, 너 또한 그 일을 성취하기에 적합하다고 생각하라.

20. 운동 경기장에서 상대방이 손톱으로 우리를 할퀴었거나, 또는 머리로 우리를 들이받아 타격을 입혔다고 하자. 그렇지만 우리는 그 일에 대해 그에게 '지적'을 하거나, 기분을 상하게 하거나, 나중에 그가 의도적으로 공격할 것이라고 의심하지는 않는다. 우리는 그의 공격을 피해야 하지만 온건한 방법을 써야 하며, 우리는 그를 우리의 적으로 간주해서도 불신해서도 안 된다. 그와 비슷한 어떤 일들이 삶의 다른 영역에서 발생하더라도 그와 같이 행해야 한다. 우리와 '경주하는 상대 선수'인 그들에게 그들이 행한 것에 대해 관대하게 눈감아줄 수 있어야 한다. 내가 말했듯이 우리는 그들을 의심하거나 미워하지 않고도 그들의 공격을 피할 수가 있는 것이다.

21. 만약 누구라도 나의 잘못된 점을 증명하고 어떤 생각이나 행

동 면에서 나의 잘못을 깨우쳐줄 수 있다면, 나는 즐거이 나의 그러한 점을 고치겠다. 나는 진리를 추구하며, 진리는 그 누구에게도 해를 입히지 않는다. 누구나 자기기만에 빠지고 무지를 고집하면 해를 입는다.

22. 나는 내 자신의 의무를 행한다. 다른 것들로 나를 산만하게 하지 않는다. 그것들은 생명이 없는 것이거나, 이성적이지 않거나, 길을 잃어 버렸거나, 참된 길을 알지도 못한다.

23. 너는 이성이 있고 그것들은 그렇지 못하기 때문에, 말 못하는 동물들을 보살피고 모든 사물이나 대상을 여유 있고 너그럽게 대하라. 사람을 대할 때는, 그들은 이성적인 존재이므로, 사회적인 측면에서 대하라. 그리고 무슨 일이든지 신들에게 기도하라. 신들에게 기도하는 데 일상 중에 많은 시간을 할애해야 되지 않을까 하는 염려는 하지 말라. 세 시간만으로도 족하다.

24. 마케도니아의 알렉산드로스 대왕이나 그의 마부나 죽어서는 동등해졌다. 그들은 우주의 같은 생성의 원리로 돌아갔거나 동등하게 원자로 해체된다.

25. 똑같은 시간의 파편 속에서 우리 각자에게 육신적으로나 정신적으로 얼마나 많이 다른 일들이 벌어지고 있는지 생각해보라. 그러

면 참으로 셀 수 없이 많은 일이 동시다발적으로 벌어지고 있고, 우리가 우주라고 부르는 이곳에서 전부 다 함께 살아가고 있다는 것이 네게는 더 이상 놀라운 일이 아닐 것이다.

26. 누군가가 너에게 '안토니누스라는 이름의 철자가 어떻게 되느냐?'고 묻는다면, 너는 고함치듯 그 철자 하나하나를 일러주겠는가? 그다음에 상대방이 화를 낸다면 어떻게 하겠는가? 너도 같이 화를 내겠는가? 도리어 차분하게 그 배열된 철자를 살펴서, 차례대로 하나씩 일러주지 않겠는가? 이와 같이 네가 살고 있는 이 세상에서도 네가 살아가면서 해야 하는 각각의 의무도 특정 작업들이 한데 모여 결합된 것임을 기억하라. 너는 그러한 것들에 세심한 주의를 기울여서, 남들이 화를 내는 것에 당혹해 하거나 거기에 대응하지 말고, 각각의 목적에 맞게 체계적으로 순서를 밟아 완성해나가도록 해야 한다.

27. 사람들이 그들에게 흥미롭고 유익하게 보이는 것들을 얻으려고 노력할 때, 그것을 못하도록 방해하는 것은 얼마나 잔인한 일인가! 네가 그들이 잘못을 범했다고 화를 낸다면, 어떤 면에서는 너는 그들이 그 일을 못하도록 방해한 것이 된다. 그들은 자신들에게 흥미롭고 유익해 보이는 것들에 확실하게 끌려서 그렇게 했다. '하지만 그것은 실제로는 그렇지 못한 것이다.' 자, 그렇다면 그들에게 화를 내지 말고, 그들을 가르치고 알게 하라.

28. 죽음은 감각들에 대한 반응과, 충동에 의한 꼭두각시놀음과, 분석을 요구하는 사고와, 육신의 수고에서 벗어나도록 해준다.

29. 이 세상을 살아가면서 육신은 굴복하지 않았는데 정신이 먼저 굴복한다는 것은 수치스러운 일이다.

30. 카이사르와 같은 사람이 되거나, 그러한 권위 의식에 물들지 않도록 조심하라. 그러므로 너는 단순하고, 선하며, 순전하고, 신중하며, 가식도 없고, 정의의 친구가 되며, 신을 경외하고, 친절하며, 자혜롭고, 자신에게 맡겨진 의무를 과감하게 수행하는 자가 되어라. 철학이 원하는 대로 너를 가르쳐 만들고자 하는 그런 사람으로 남기 위해 노력하라. 신들을 숭배하고 사람들을 보살피라. 인생은 짧다. 이 땅에 살아가는 존재로서 맺을 수 있는 유일한 결실은 정신의 경건한 습성과 사회적인 행위뿐이다.

항상 안토니누스[75]의 제자답게 행하라. 모든 일에 있어 이성에 따라 행하고자 했던 그의 활기, 한결같았던 그의 공평함, 그의 경건함, 그의 평온한 인상, 그의 관대함, 허세를 부리지 않는 것, 일을 파악하는 데 필요한 그의 추진력을 기억하라. 얼마나 그는 어떤 일을 먼저 면밀히 살펴보지 않고서는 제쳐놓는 법이 없었고 그리고 그것을 얼마나 분명하게 파악했는가. 얼마나 그는 그에게 부당하게 비난을

---

75) 안토니누스 피우스 황제를 말한다. 제1권 16장 참조.

퍼붓는 사람들에게 비난으로 맞대응하지 않고 참아냈는가. 그는 어떠한 일에도 조바심을 낸 적이 없었다. 그는 악의적인 험담에도 귀 기울이지 않았으며, 사람들의 성품과 행동에 대해서 정확하게 파악했다. 좀처럼 다른 사람을 비난하지 않았고, 소문이나 비방에 흔들리지 않았으며, 가식적이지도 않았다. 얼마나 그는 집이나 침대나 옷이나 음식이나 하인들에 대해서도 최소한 줄여 쓰는 것을 만족스럽게 여겼던가. 그는 넘치는 활력으로 일하기를 좋아했다.

그는 간소한 식사로 인해 평상시 외에는 자주 용변을 볼 필요가 없어서 저녁때까지 한 곳에 머물며 업무를 보았다. 자신의 친구들과의 우정은 변함이 없고 올바른 관계를 유지했고, 그의 견해에 노골적으로 반기를 드는 사람들을 용납했으며, 누가 더 좋은 방법을 제시하면 기뻐했고, 신들을 경외했지만 결코 미신적이지는 않았다.

이 모든 것을 그와 같이 행한다면 네 삶의 마지막도 그와 같이 평온해질 것이다.

31. 정신을 차리고 네 자신을 다시 한 번 잠에서 불러일으키라. 너를 괴롭히던 것들이 단지 꿈에 불과한 것이라고 깨닫고, 지금 네가 깨어있어 다시 그 일들을 보는 것을 네가 꿈속에서 보았던 것처럼 생각하라.

32. 나는 육신과 정신으로 조성되어 있다. 보잘것없는 육신에게는 모든 것이 관심 밖의 일이다. 육신은 어떤 것에 대한 구별을 할 수 없

기 때문이다. 하지만 정신에게는 자신의 활동 영역에 속하지 않는 모든 것에만 관심을 두지 않는다. 정신의 활동 영역에 속한 모든 것은 정신의 지배 아래 있다. 그러나 정신은 그중에서도 오직 현재의 것에만 관심을 둔다. 또한 미래나 과거에 속한 정신의 활동들은 어떠한 현재의 순간에 대한 것이라도 관심을 가지지 않는다.

33. 발이 발에 맞는 일을 하고 손이 손에 맞는 일을 하는 한, 손이나 발이 하는 수고로 인하여 느끼는 고통은 본성에 어긋나는 일이 아니다. 이와 같이 인간이 인간에게 맞는 일을 하는 한, 인간이 그런 일을 하면서 느끼는 고통도 본성에 어긋나는 일이 아니다. 인간의 본성에 어긋나지 않는 일이라면 악이라고 할 수도 없다.

34. 쾌락에 대해 말한다면, 강도들과 남창들과 존속 살인자들과 폭군들이 쾌락을 최대한도로 누렸다.

35. 장인(匠人)들은 일하는 데 있어 어느 정도는 비전문가의 의견을 쫓아가기도 하지만, 그럼에도 장인 정신이 지니고 있는 원리들을 고수하며, 그 원리에서 벗어나는 것을 견딜 수 없어 하는 것을 너는 알고 있지 않느냐? 건축가나 의사도 그들의 기술적인 지도 원리에 대해 대단한 존경심을 표명하는데, 인간이 신들과 함께 공통적으로 갖는 지도 원리가 그러한 것들에 미치지 못한다면, 그야말로 이상한 일이 아니겠는가?

36. 아시아나 유럽은 우주에서 겨우 구석진 곳에 불과하다. 각 대양은 우주에서 한 방울의 물에 지나지 않고, 아토스 산[76]은 우주에서 한 삽 정도의 흙덩어리의 분량과 같다. 우주에서 현재 시간은 영원 속의 일개의 점이고, 만물은 지극히 작고 신속하게 변하고 덧없이 사라진다.

만물은 다른 세계에서 왔으며, 우주를 지배하는 이성으로 비롯되었거나 그 작용의 결과로 생겨난다. 사자의 쩍 벌린 턱이나 독毒, 가시나 늪과 같이 온갖 종류의 해로운 것들도 진기珍奇하고 매력적인 이성에 의한 결과로 생긴 부산물이다. 그러므로 그러한 것들이 네가 섬기는 것과 걸맞지 않는다고 경시하지 말고, 도리어 만물의 근원이 되는 것들에 대해 곰곰이 생각해야 한다.

37. 현재 존재하는 모든 것을 보고 있는 사람은 영원으로부터 생겨난 모든 것과 영원히 존재하게 될 모든 것을 보고 있는 것이다. 만물은 연관되어 있으며 동일한 형태를 유지하고 있다.

38. 우주 안에 있는 만물은 서로 유기적으로 연결되어 있고, 상호 의존 관계에 놓여 있다는 것을 자주 주의 깊게 생각하라. 어떤 면에서 만물은 서로 뒤섞여 있으며, 그로 인해 서로 간에 가족적인 친밀

---

76) 아토스Athos 산은 그리스 북쪽에 있는 칼키디케 반도에서 돌출한 3개의 곶 중에 가장 동쪽에 있는 아크티 반도에 자리하고 있다. 최고봉의 높이가 2,033미터에 달한다.

감을 느낀다. 어떤 한 사물에 운동의 파고波高를 통해 순차적으로 다른 것이 뒤를 이어가며, 그들 간에 공감대를 불러일으키며, 모든 존재가 하나로 결합되는 통일성을 이룬다.

39. 너에게 할당된 일들에 순응하고, 운명이 네게 보내준 사람들을 사랑하라―너의 그 사랑이 진실해야 한다.

40. 기구, 연장, 용기―그 모든 것은 그것이 만들어진 기능을 수행만 한다면 좋다고 해야 할 것이다. 하지만 이런 경우에는 그것들을 만든 사람은 만들어진 대상물 외부에 있게 된다. 반면에 유기적 본성에 의해서 결합된 존재들의 경우에는, 그들을 만든 힘이 그들 안에 내재한다. 그러므로 너는 그 힘을 더욱 존중하고, 그 힘의 뜻을 따라 너를 이끌어 나가면, 모든 것은 너의 정신에 순응하게 될 것이다. 그와 같은 것은 우주 안에서도 그러하며, 우주 안에 있는 모든 것은 우주의 정신에 순응한다.

41. 너는 너의 통제 밖에 있는 어떤 것을 선하다거나 악하다고 주장한다면, 네게 악한 것이 발생되었거나 선한 것에 대한 좌절감으로 인해 너는 신들을 원망하게 될 것이고, 그런 일의 당사자當事者나 그 일이 발생되게 하고 좌절감을 유발시킨 것으로 의심되는 사람들을 미워하게 될 것이다. 그리고 참으로 우리가 그러한 일에 관심을 쏟음으로 해서 우리는 많은 부당한 일을 행한다. 그러나 다만 우리의 능

력 안에 있는 것들에 대해서만 선하다거나 악하다는 결정을 내린다면, 신들을 원망하거나 사람들에게 적대적인 자세를 취할 이유가 남아 있지 않게 된다.

42. 우리 모두는 동일한 목적을 이루기 위해 다함께 일하며, 어떤 일은 의식적인 관심을 가지고 하며, 어떤 일들은 알지도 못하면서—마치 헤라클레이토스가 '사람들은 잠을 자고 있을 때도 우주에서 일어나고 있는 일들에 협력한다.'[77]고 말한 것과 같이, 일을 한다고 생각한다. 사람들마다 협력하는 방식이 서로 달라서, 이런 사람들은 이런 방법으로 협력하고, 다른 사람들은 저런 방법으로 협력하며, 우주에서 일어나는 일들에 대해서 반대하며 비판하는 자나 생성을 방해하는 자도 협력자들인 셈이다—우주에는 그런 사람조차도 필요하다. 그러므로 너에게는 너 자신이 어느 범주에 속할지를 결정하는 일이 남아 있다. 틀림없이 우주를 주관하는 분은 너를 유효적절하게 사용할 것이며, 자신의 협력자들과 함께할 수 있는 자리에 너를 기꺼이 맞아줄 것이다. 하지만 크리시포스[78]가 언급했듯이, 너는 너의 역할이 희극에서 저속하고 음탕한 역할을 맡는 것처럼 되어서는 안 된다는 것을 명심하라.

---

77) 헤라클레이토스, 단편 B75에서 인용한 글이다.
78) 크리시포스Chrysippos(기원전 280~207년경)는 소아시아 솔리Soli 출신으로 클레안테스의 제자이자 후계자로 초기 그리스 스토아학파의 철학자로, 기원전 230년 스토아학파의 세 번째 수장이 되었다. 대단한 다작가이며 스토아 사상을 체계화하는 데 큰 공헌을 했다.

43. 태양이 비가 하는 일을 하려고 하겠으며, 의술의 신 아스클레피오스가 대지의 여신[79]이 할 일을 하려고 하겠는가? 그리고 저 각각의 별들은 어떠한가? 저 별들은 제각기 다 다르지만, 하나의 동일한 목적을 위해 협력하며 일하고 있지 않는가?

44. 신들이 나에 대해서, 그리고 내게 일어날 수 있는 일들에 대해서 결정을 내렸다면, 그것은 나의 유익을 위해서 내려진 결정이었을 것이다. 신이 사려 깊지 않다고 여기는 것은 가당치 않으며, 신들이 무슨 이유로 나를 해롭게 하겠는가? 신들 자신에게나 그 섭리의 주된 관심이 공익을 위한 것이라면, 나를 해롭게 하는 것이 우주에 어떻게 유익할 수 있겠는가? 신들이 나에 대해서 개별적인 생각을 가진 것이 아니라, 분명하게 우주의 공익을 위한 생각을 가졌으므로, 내게 일어나게 되어 있는 것이 그러한 생각으로 인해 영향을 받는다면, 나는 그것을 받아들이고 환영할 것이다. 하지만 신들이 그 어떤 것에 대해서도 생각을 갖지 않는다고 한다면, 믿는 일에 불경스러운 것들—우리로 하여금 신들에게 제물을 드리는 것과 기도하게 하는 일과 신에게 맹세를 하는 일과 신들이 우리와 함께 우리의 삶을 공유한다고 추정되는 우리가 하는 다양한 다른 모든 것을 버리는 일—을 하게 될 것이다. 그러나 신들이 우리에게 관심을 두는 그 어떤 생각도 하지 않는다고 해도, 내게는 내 자신을 위한 생각을 가질 수 있으

---

79) 수확의 여신 데메테르Demeter를 말한다.

며, 내 관심은 무엇을 위한 것이 최선인가에 있다. 각자에게 있어서 최선의 길은 그 자신의 상태와 본성과의 적합성을 이루는 것이며, 그리고 나의 본성은 이성적이고 사회적인 것이다.

안토니누스로서 나의 도시와 국가는 로마이고, 인간으로서 나의 국가는 우주다. 그러므로 이 두 곳의 국가에 유익한 것은 나에게 유일한 선이 된다.

45. 각자에게 일어나는 모든 일은 우주의 유익을 위한 것이다. 지금까지는 분명하다. 하지만 좀더 면밀히 살펴본다면, 어떤 사람에게 유익한 것은 다른 사람들에게도 유익하다는 것이 일반적인 법칙이라는 것을 알게 될 것이다. 하지만 이 경우에 '유익하다'는 말은 실제적으로 연관성이 없는 일들에 관해서도 일반적인 적용을 한 의미로 봐야 할 것이다.

46. 원형경기장이나 그러한 곳들에서 열리는 공연들에서 항상 같은 공연과 같은 장면들로 인해 너의 기분이 언짢아지거나, 그런 단조로운 장면이 네게 싫증을 불러일으키듯이, 너의 인생에서 겪는 모든 일에서도 그와 같다. 모든 것이 그렇듯이, 위 또는 아래가 그렇듯이, 항상 동일한 원인들로 인한 동일한 일들이다. 도대체 이런 일들이 언제까지나 이어질 것인가?

47. 온갖 부류의 사람들, 온갖 직업에 종사했던 사람들과 땅 위의

모든 민족이 죽었다는 것을 끊임없이 생각하라. 그래서 필리스티온과 포이보스와 오리가니온[80]에 이르기까지 생각이 닿도록 해라. 다른 계층의 사람들도 생각해보라. 수많은 노련한 웅변가, 수많은 유명한 철학자—헤라클레이토스와 피타고라스[81]와 소크라테스와 같은 자들—오래전의 수많은 영웅, 그 이후의 수많은 장군과 제왕이 간 곳, 그 다른 세상으로 우리도 역시 우리의 거주지를 바꾸어야 한다. 거기에 더하여 에우독소스[82]와 히파르코스[83]와 아르키메데스[84]가 있으며, 예리한 지성과 원대한 야망을 품고 자신의 일에 전념했던 자들이 있으며, 더하여 불한당이나 편협한 자들과 메니푸스[85]처럼 순식간에 지나가는 인생을 풍자했던 자들이 있다. 이미 오래전에 죽어서 매장된 이 모든 사람을 되새겨보라. 그런데 이런 일이 그들에게 정말 끔찍한 일이 되는 것일까—또는 이름이 잊힌 사람들에게도 정말 그러할까? 오직 이 세상에서 유일하게 가치 있는 일은 진실하고 정의

---

80) 필리스티온Philistion과 포이보스Phoibos와 오리가니온Origanion에 대해서는 알려진 바가 없으나 최근에 죽은 황실의 노예들로 추정된다.

81) 피타고라스Pythagoras(기원전 570~495년경)는 그리스의 철학자이자 수학자로, 세상 모든 것의 시작을 '수數'로 보았고 철학, 종교, 수학, 음악의 여러 분야에 지대한 영향을 끼친 인물이다.

82) 에우독소스Eudoxos는 소아시아 서남부에 있는 크니도스 출신으로, 그리스의 천문학자이자 수학자다.

83) 히파르코스Hipparchos는 소아시아 니카이아 출신으로 기원전 2세기의 천문학자이다.

84) 아르키메데스Archimedes(기원전 287?~212년)는 고대 그리스의 가장 위대한 수학 물리학자다.

85) 메니푸스Menippus는 기원전 3세기 전반에 활동한 견유학파 철학자로, 풍자 기법을 시도한 작가이나 그의 저작은 남아있지 않다.

로운 삶을 사는 것이며, 진실하지 못하고 정의롭지 못한 자들에게 관대하게 대하며 사는 것이다.

48. 언제든지 네 자신이 생기가 넘치기를 원한다면, 네가 함께하는 동료들의 성품들을 생각해보라. 예를 들자면 누구는 활력이 넘쳐나고, 다른 이는 예절이 바르고, 세 번째 사람은 관대하며, 네 번째는 또 다른 어떤 훌륭한 점이 있다. 동료들의 성품 속에서 미덕이 드러나는 것을 확인하는 일만큼 생기가 넘쳐나게 해주는 일은 없다. 그러한 일은 집단적으로 발생할 때 더욱 훌륭하고 더욱 좋다. 그러므로 그와 같은 성품을 지닌 동료들과 늘 가까이에서 지내도록 하라.

49. 너의 몸무게로 인해 불만을 품지 말라. 너는 몸무게가 많이 나가지 않고 300파운드가 되지 않는다고 불만스러워 하는가? 왜 수명이 그만큼밖에 되지 않으며 그보다 더 길지 못하다고 불만스러워 하는가? 너는 네게 할당된 일의 양에 만족하는 것처럼, 그렇게 네게 주어진 시간에 대해서도 만족스럽게 여기도록 하라.

50. 사람들을 설득하기 위해 노력하라. 그런 후에는 사람들이 네게 설득당하지 않는다고 해도 언제든지 정의의 원리에 입각하여 행동해 나가야 한다. 누군가가 강압적으로 너를 반대하는 경우에는 해를 입지 않을 정도로 수용하는 자세를 취하고, 그러한 방해를 너의 다른 미덕을 드러내는 데 사용하라. 너는 조건적 상황에 맞는 일을 하려

고 했다는 것을 기억하라―너는 불가능한 것을 목표로 하지 않았다. 그렇다면 너의 목표는 무엇이었는가? 조건에 의해 주어진 일을 하는 것이라면, 그러한 목표를 달성했다. 우리가 우리 자신에게 하기 원했던 그 일을 성취해낸 것이다.

51. 너는 네 자신에게 이로운 것을 얼마나 알고 있는가. 명성을 좋아하는 사람은 자신에게 이로운 것이 다른 사람의 반응에 좌우된다고 여기며, 쾌락을 좋아하는 사람은 자신에게 이로운 것이 자신의 간접적인 경험에 좌우된다고 여기지만, 지적인 사람은 자신에게 이로운 것이 자신의 행동에 좌우된다고 여긴다.

52. 사물에 대한 판단을 하지 않으므로 해서 우리의 정신을 괴롭히지 않는 것은 가능하다. 어떤 사물이든 그 자체로 우리의 판단을 강요할 만한 능력을 가지고 있지 않다.

53. 다른 사람들이 하는 말을 무시하지 않고, 가능하면 말하는 자의 입장이 되어보는 일에 익숙해지도록 하라.

54. 벌 떼에게 이롭지 않는 것은 한 마리의 벌에게도 이롭지 않다.

55. 선원이 선장을, 환자가 의사의 말을 불신한다면, 그들은 그 밖에 달리 누구의 말을 들을 수 있는가? 그렇지 않으면 어떻게 선장이

안전한 항해를 할 수 있으며, 어떻게 의사가 환자를 치료하여 건강을 지켜낼 수 있겠는가?

56. 나와 함께 이 세상에 태어난 사람들 중에서 얼마나 많은 사람이 이미 이 세상을 떠나가고 없는가!

57. 황달에 걸린 사람은 꿀맛이 쓰고, 광견병에 걸린 개에게 물린 사람은 물을 무서워하며, 아이들은 공을 보고 기뻐한다. 그런데 왜 나는 화를 내는가? 혹시 너는 잘못된 견해가 황달에 걸리게 하는 담즙이나 광견병에 걸리게 하는 독보다 인간에게 미치는 영향이 못하다고 생각하느냐?

58. 어느 누구도 네 자신이 본성의 원리를 따라 살아가는 것을 막을 수는 없다. 어떠한 일도 우주의 본성의 원리에 반하여 네게 일어나는 일은 없다.

59. 어떤 부류의 사람들을 기쁘게 하려고 애를 쓰는가! 어떻게 행동하는 것이 사람들을 성공시킬 수 있는 수단이 될까! 그러나 얼마나 신속하게 시간은 모든 것을 덮어 사라지게 하는가—그리고 이미 얼마나 많이 덮이고 사라졌는가.

제 **7** 권

1. 그 무엇이 악인가. 너는 이러한 악을 자주 보아왔다. 그러므로 너는 만일의 사태에 대비해 즉시 '나는 이러한 일을 이전에 자주 경험했다.'는 생각을 가져야 한다. 대체적으로 네가 어디를 둘러보든지, 너는 그와 동일한 일들을 발견하게 될 것이다. 역사―고대의 역사, 그보다는 최근의 역사, 현대의 역사―안에 그와 같은 동일한 일들로 넘쳐난다. 오늘날 국가들과 가정들에서도 마찬가지의 일들로 넘쳐난다. 이 세상에 새로운 것은 없다. 모든 것이 친숙한 것들이며, 모든 것은 그 명맥命脈을 오래 유지하지도 못한다.

2. 네 본성의 원리는 살아 있는 것들이다. 심상心象에 해당하여 소멸되는 것 외에 어떻게 그 원리가 없어질 수 있겠는가? 하지만 그 원

리들을 끊임없이 불러일으키도록 하는 것은 네가 할 일이다. '내게는 이런 일들에 대해 판단을 내릴 만한 능력이 있다. 내게 그런 능력이 있다면, 왜 나를 괴롭히고 있는가? 그리고 나의 정신적 판단 밖에 있는 모든 것을 내가 감당해야 할 의무가 없다.' 이것을 배우고 너는 바르게 서야 한다.

너는 다시 새로운 삶을 살 수 있다. 이전에 보아 왔던 것들을 새로운 시각으로 다시 바라보라. 그렇게 한다면 너의 삶이 다시금 회복될 것이다.

3. 화려한 행사의 공허함, 무대 위의 연극, 가축 떼와 짐승 떼, 마상[馬上]에서의 창던지기, 강아지들에게 던져준 뼈다귀, 양어장 안에 던져준 작은 빵조각, 힘겹게 짐을 운반하는 개미들, 겁을 먹고 종종걸음을 치는 생쥐들, 실에 매여 춤추는 인형들, 이 모든 것 가운데서 너는 네 자신으로 아량을 베풀 수 있도록 해야 한다―그것들을 너무 하찮게 여겨서는 안 된다. 그러나 인간의 가치는 그 사람이 무엇을 가치 있게 여기는가에 의해 측정된다는 것을 염두에 두어야 한다.

4. 대화할 때에는 상대방이 말하는 바가 무엇인지를 민감하게 귀를 기울여야 하고, 어떤 충동이 일어날 때에는 무슨 일이 일어났는지 주의 깊게 살펴야 한다. 후자의 경우에는 언급된 대상이 목표로 하는 바를 즉시 알아야 하고, 전자의 경우에는 그 말이 무엇을 의미하는지에 대해 세심한 주의를 기울여야 한다.

5. 나의 사고 능력으로 이 일을 감당하기에 충분한가, 아니면 충분하지 않은가? 만약 충분하다면 우주의 본성이 내게 준 수단인 나의 사고 능력을 그 일을 하는 데 사용하면 된다. 만약 충분하지 않다면 그 일을 더 잘해낼 수 있는 사람에게 (내가 책임질 일이 아니라면) 양도하거나, 또는 할 수 있는 한 최선을 다해 그 일을 행하되 나를 다스리는 정신과 협력해서 이 특별한 시기에 필요하고 공익을 위해서 일할 수 있는 사람에게 도움을 청하라. 무엇을 행할 때 나 혼자서 일하든지 다른 사람과 협력해서 일하든지, 단 하나의 초점에 맞추어 나가야한다―그것은 공익을 도모하는 것과 화합을 이루어나가는 것이다.

6. 한때 명성을 날리던 수많은 사람이 지금은 망각 속에 잊혀졌다. 그리고 그들의 명성을 칭송하던 수많은 사람도 오래전에 사라져버렸다.

7. 도움을 받는 것을 수치스럽게 여기지 말라. 성벽을 기어오르는 병사처럼 네게 할당된 의무를 달성하는 것이 너의 임무다. 너는 다리를 절어서 너 혼자서는 성벽을 기어오를 수 없지만, 다른 사람의 도움을 받아 그 일이 가능하게 된다면 어떻게 하겠는가?

8. 미래의 일로 걱정하지 말라. 네가 반드시 그 미래로 가야 한다면, 너는 지금 현재에서 적용하고 있는 바로 그 동일한 이성을 가지고 미래로 가게 될 것이다.

9. 만물은 서로 맞물려 있으며, 그리고 신성한 유대로 그것들은 결속되어 있다. 어느 것 하나라도 맞지 않고 그 상태로만 있는 것은 없다. 만물은 각기 그들의 위치에 자리 잡고 다함께 유일한 우주의 질서를 형성한다. 만물로 형성된 유일한 우주와, 만물에 편재하는 유일한 신과, 유일한 실재와, 유일한 법칙과, 모든 지적인 존재의 공통적인 유일한 이성과, 동일한 이성을 공유하는 그와 같은 모든 존재를 완전하게 하는 유일한 것이 있다면, 유일한 진리가 존재한다.

10. 물질적인 모든 것은 신속하게 우주의 실재 속으로 사라지고, 모든 원인原因은 신속하게 우주의 이성 속으로 취해지며, 모든 것에 대한 기억은 신속하게 영원 속에 묻혀버린다.

11. 이성을 지닌 존재에게는 본성을 따라 행하는 것이야말로 이성을 따라 행하는 것이다.

12. 똑바로 서 있으라. 누군가에 의해서라도 똑바로 세움을 받을 수 있게 하라.

13. 총괄적으로 이성적인 존재들은 다양한 지체肢體들이 유기적 결합을 이루는 것처럼, 그와 동일한 관계 속에 놓여 있다―그것들은 협력하기 위한 단 하나의 목적을 위해 만들어진 것이다. 네가 '나는 이성적인 존재들로 구성된 몸의 한 지체다.'라고 네 자신에게 계속적

으로 말한다면, 이 개념이 너에게 격렬하게 부딪혀 올 것이다. 하지만 한 글자 l을 r로 바꾸어서(melos를 meros로) 간단히 '지체^{melos}'보다는 '부분^{meros}'이라고 네 자신을 부른다면, 너는 아직은 너의 동족인 사람들을 마음을 다하여 사랑하는 것도 아니고, 선을 행하는 것도 아직은 그 자체로 중요한 것으로 여겨서 기뻐하는 것도 아니다. 네가 여전히 의무에 불과하다고 여겨 그 일을 행하고 있을 뿐, 너는 아직도 네 자신의 친절한 행위로 여겨 그 일을 행하고 있는 것은 아니다.

14. 어떤 외부적인 일이, 그 일이 일어남으로 해서 내게 어떤 부분들이 영향을 받을 수 있게 되기를 원하라―영향을 받는 그 부분들은 불평할 수도 있다. 하지만 내가 그 일어난 일들이 나쁜 것이라고 판단하지 않는다면, 내 자신은 아직 해를 입지 않은 것이고, 나는 해를 입게 되는 것을 거절할 수도 있다.

15. 어떤 사람이 무슨 행동과 말을 하든지 간에 나는 선한 자가 되어야 한다. 그것은 마치 황금이나 에메랄드나 자줏빛이 '누가 무슨 행동과 말을 하더라도, 나는 에메랄드가 되어야 하며 나의 고유한 색을 간직해야만 한다.'고 항상 말하는 것과 같다.

16. 지배적 이성은 자신을 흐트러뜨리지 않는다. 예를 들면 이성은 자체로 겁을 먹지도 않고 욕망으로 이끌지도 않는다. 만약 누군가가 이성에게 겁을 주거나 고통을 줄 수 있다면, 그로 하여금 그렇게

해보도록 하라. 이성은 그 자체로, 그 자체적인 판단으로 말미암아 의도적으로 그러한 형태로 돌변하지 않는다. 할 수만 있다면 육신은 해를 피하고자 조심한다. 두려움과 고통을 느끼는 감각적인 혼도 그와 같다고 말하게 될 것이다. 하지만 이 모든 것에 일반적인 평가를 내리는 이성은 전혀 흔들리지 않는다. 너를 지배하는 이성은 그 자체로, 이성이 그 자신을 위한 필요를 만들어내지 않는 한에는, 아무것도 필요로 하지 않는다. 마찬가지로 이성이 흐트러지거나 방해하지 않는 한, 흐트러짐을 당하거나 방해를 받는 일은 없다.

17. 행복이라는 것은 선한 신과 함께하는 것이거나 신의 축복이다. 그렇다면 왜, 나의 망상아, 행복과 관련이 없는 너는 여기서 무엇을 하려 하는가? 신들의 이름으로 명한다, 망상아, 네가 왔던 길로 돌아서 다시 떠나가라. 나는 너를 필요로 하지 않는다. 너는 오랜 습관에 의해 여기에 온 것일 뿐이다, 나는 너에게 화를 내지는 않는다. 다만 여기에서 떠나가라.

18. 누가 변화를 두려워하는가? 그렇다면 변화가 없이 무슨 일이 일어날 수 있겠는가? 그 무엇이 변화보다 우주의 본성에 밀접하며 더 소중하겠는가? 나무가 뜨겁게 변화되어 타지 않는다면, 어떻게 네가 목욕을 할 수 있겠는가? 네가 먹은 음식이 변화되지 않는다면, 어떻게 네가 영양분을 섭취할 수 있겠는가? 살아가면서 유익한 다른 어떤 것들이 변화 없이 이루어지는 것이 있는가? 그러면 너에게도

이와 같이 변화가 일어나야 하고, 우주의 본성에도 이와 같이 변화가 필요하다는 것을 너는 알지 못하느냐?

19. 우리의 모든 육신(우주의 유일한 본성으로 존재하고 우리의 지체들은 서로의 관계 속에서 우주의 본성에 협력한다) 또한, 마치 소용돌이 치며 흘러 들어가는 물줄기처럼 우주의 실재 속으로 흘러 들어간다. 얼마나 많은 크리시포스와 소크라테스와 에픽테토스가 영원 속으로 이미 흘러 들어갔는가! 너는 어떤 사람이나 어떤 일을 만나든 이러한 생각을 떠올리도록 하라.

20. 나는 단 한 가지 염려되는 일이 있다. 그것은 내가 인간의 본성이 의도한 대로 어떤 일을 행하지 않는 것이다―또는 본성이 의도한 방식이나 시기에 행하지 않는 것이다.

21. 머지않아 너는 모든 것을 잊어버리게 될 것이고, 머지않아 모든 것이 너를 잊어버리게 될 것이다.

22. 실족하고 실패한 자들조차도 사랑하는 것이 인간의 본성이다. 그 사람들도 너의 동족이다. 그들은 고의가 아닌, 무지해서 잘못을 저지른 것이며, 그리고 너나 그들이나 잠시 후에는 결국 다 죽게 될 것이다. 그리고 무엇보다도 그 사람들이 네게 해가 되지 않았다는 것을 곰곰이 생각해보라―그들은 너의 다스리는 이성을 이전보다 더

나쁘게 만들지는 않았다.

23. 우주의 본성은 우주의 본질을 자기 뜻대로 사용해서, 지금은 말의 모형으로 만들었다가, 그다음에는 그것을 녹여서 나무를 만들기 위해 그 녹인 질료를 사용한다. 그다음에는 사람을, 그다음에는 그 밖에 다른 어떤 것을 만든다. 그리고 이 모든 개체個體는 오직 극히 짧은 시간 동안만 존재한다. 상자를 부서뜨리는 것은 상자를 조립하는 것보다 더 힘든 일은 아니다.

24. 심하게 노려보는 표정은 본성을 거스르는 것이다. 그것이 특유의 습관적인 표정이 될 때에는, 표정은 죽어가기 시작해서 결국에는 살아있는 표정은 완전히 사라지고 되돌릴 수 없게 된다. 이성을 거스르는 이러한 점들에 대해 주의를 기울이도록 해야 한다. 도덕적인 행동이 요구되는 곳에서 잘못을 행하고 있다는 의식조차 없다면, 여기에서 살아갈 무슨 이유가 남아 있겠는가?

25. 네가 보고 있는 모든 것은 곧바로 우주를 다스리는 본성에 의해 변화될 것이다. 우주의 본성은 그 질료로 다른 것들을 만들고, 그런 다음에 그 다른 질료를 가지고 또 다른 것을 만들어서 우주를 늘 새롭게 한다.

26. 누군가가 네게 어떤 잘못된 일을 행했을 때, 즉시 그가 선악에

대해 어떤 판단을 내려서 네게 그러한 잘못을 행했는지를 생각해보라. 그것을 알게 되었을 때, 너는 그 사람을 측은히 여기며 놀라거나 화내지 않게 될 것이다. 너 역시 네 자신이 그의 선한 의견에 공감하거나 그 같은 어떤 일을 선한 것이라 여길 때에는, 너는 그 같은 일을 이해하고 용서해야 한다. 다른 한편으로는 만약 네가 그러한 일들에 대해 선악의 판단 자체를 더 이상 하지 않는다면, 잘못을 저지른 자들을 용납하기가 더 용이하게 될 것이다.

27. 네가 갖고 있지 않은 것들을 마치 소유하고 있는 것처럼 망상에 젖어 있지 말고, 도리어 네가 소유하고 있는 것들 중에서 가장 좋은 것들을 곰곰이 생각해내어, 만약 그것들이 네게 없다면 아쉬워할 것들에 대한 중요성을 상기시켜보라. 그러나 그와 동시에 너는 그것들에 길들어져 의존하게 되어 지나친 집착에 빠지지 않도록 조심해야 하며, 간혹 그것들이 네게 없다고 해도 고통 받는 것을 피하도록 조심하라.

28. 네 자신 속으로 물러나라. 본성 안에서 너를 지배하는 이성이 올바른 행실과 기쁨에 의한 평온으로 스스로 만족하게 된다.

29. 상상에 의해 각인된 것들을 지워버려라. 충동에 의한 꼭두각시 놀음을 멈춰라. 현재라는 순간에 열중하라. 너에게나 다른 사람들에게 무슨 일이 일어나고 있는지를 인지하라. 모든 일을 인과관계와 질

료에 따라 분석하고 구분하라. 너의 마지막 시간에 대해 생각하라. 다른 사람이 저지른 잘못은 그 잘못이 시작된 곳에 남겨두라.

30. 너의 생각이 말하는 것과 병행하도록 힘쓰라. 너의 정신으로 무슨 일이 일어나고 있는지 누가 그 일을 행하는지에 심사숙고하도록 하라.

31. 소박함과 진실함과, 미덕과 악덕 사이에 있는 모든 것에 대한 무관심으로 인해 너는 기뻐하라. 인류를 사랑하라. 신을 따르라.[86] 데모크리토스는 이렇게 말한다. '만물은 법칙의 지배를 받고, 오직 원자들은 완전하고 실재적이다.' 그러나 네가 만물은 법칙의 지배를 받는다는 것만 기억한다면 충분하다. 그 밖에 다른 수칙들은 극히 미미하다.

32. 죽음에 대하여. 우리가 원자들로 이루어진 존재라면 죽음은 해체되는 것이고, 우리가 하나의 결합체라면 죽음은 소멸이거나 거주지를 바꾸는 것이다.

33. 고통에 대하여. 참을 수 없게 심한 고통은 우리를 죽음으로 몰

---

86) 인간을 사랑하고 신을 따르는 것은 인간과 신에 대한 의무의 두 가지 수칙으로 『명상록』에 자주 거론된다. 제5권 33장 참조.

아가지만, 만성적인 고통일 때에는 견디어낼 만하다. 정신은 고통을 철수시킴으로써 평정을 유지하고, 우리를 지배하는 이성은 고통으로 인해서 손상을 입지 않는다. 고통으로 인해 손상을 입은 부분들은 할 수만 있다면 자신의 고통을 호소해도 된다.

34. 명성에 대하여. 그들의 생각의 본성과 그들은 무엇을 구하고 피하는지 그들의 정신에 대해서 살펴보라. 파도에 밀려드는 모래가 이전에 있던 모래더미를 끊임없이 덮어씌우듯이, 우리의 삶에서도 한때 일어났던 일이 차후에 일어나는 일로 신속하게 덮인다는 것을 알라.

35. '그렇다면 대단한 지적 능력과 모든 시간과 모든 실재에 대한 예지력을 지닌 사람에게, 너는 인생이 대단히 중대한 것으로 보일 것이라고 생각하느냐? "그건 불가능한 일이다." 그렇다면 그런 사람이 죽음을 두려운 일이라고 생각하겠느냐? "전혀 그렇지 않다".[87]

36. '선한 일을 하고 비난을 받는 것이 제왕의 몫이다.'[88]

37. 얼굴은 정신이 내리는 명령을 따라서 그 인상을 형성하고 정돈

---

87) 플라톤의 『국가』 486a에서 인용한 말이다.

88) 안티스테네스Antisthenes(기원전 445~365년경)의 단편 20b에 나오는 말이다. 그는 견유학파의 창시자이며, 소크라테스의 제자이자 친구였다.

해서 순종하는데, 그러한 정신이 자기 자체로 형성하고 정돈하는 것을 행할 수 없다면 수치스러운 일이다.

38. '아무것도 아닌 일, 보잘것없는 사실, 이러한 일들에 대해 너는 화를 내지 말라. 그러한 일들은 반응할 만한 정신도 지니고 있지 않다.'[89]

39. '너는 영원한 신들과 우리에게 기쁨을 주는 사람이 되라.'[90]

40. '익은 곡식은 거둬들이듯이, 우리의 삶도 그와 같다. 한 사람은 살아가고, 다른 사람은 거둬들여진다.'[91]

41. '만일 신들이 나와 내 자식들을 보살피지 않는다면, 거기에도 그럴 만한 이유가 있을 것이다.'[92]

42. '선과 정의가 나와 함께 있다.'[93]

---

89) 에우리피데스Euripides의 『벨레로폰테스』 단편 287에서 나오는 말이다.
90) 출전이 불분명하다.
91) 에우리피데스의 『힙시필레』 단편 757에서 인용한 말이다.
92) 에우리피데스의 『안티오페』 단편 208에서 인용한 말이다.
93) 에우리피데스의 단편 918에서 인용한 말이다.

43. '사람들이 곡하거나 열광할 때, 너는 거기에 동참하지 말라.'[94]

44. '하지만 나는 이 사람에게 적절한 답변을 줄 수 있을 것이다. "나의 친구여, 가치 있는 자들은 삶과 죽음의 위험을 고려해야 하며, 그의 유일하게 고려해야 하는 것으로써 어떤 행동을 할 때 그가 옳은 일을 하는지 잘못된 일을 하는지, 선한 사람의 행동을 하는지 악한 사람의 행동을 하는지, 그것만을 고려해서는 안 된다고 하는 너희 생각은 잘못된 것이다".'[95]

45. '나의 동족 아테네 사람들이여, 이 일에 있어서 진실은 이것입니다. 어떤 사람이 그 자신의 최상의 판단에 의한 것이든지, 그의 상관에 의해서 배정받은 자리든지, 내가 생각하기엔 그는 위험에 직면하더라도 그의 자리를 지켜야 하며, 명예스럽지 못한 것을 수치로 여기는 생각을 하기도 전에 죽음이나 다른 어떤 것에 대한 생각을 품어서는 안 된다는 것이다.'[96]

46. '그러나 나의 진정한 친구여, 고귀함과 선함이 누군가의 삶을 구하거나 그것으로 인해 구함을 받는 일보다 어떤 다른 일에 있다고 하는 것이 가능한 것인가를 생각해보라. 진정으로 남자라면 특별히

---

94) 출전이 불분명하다.
95) 플라톤의 『소크라테스의 변론』 28b에서 인용한 말이다.
96) 플라톤의 『소크라테스의 변론』 28d에서 인용한 말이다.

오래 사는 것에 대해 관심을 갖거나 단지 연명하는 삶을 살지 않도록 하는 것이 아니겠는가? 차라리 그 모든 것을 신에게 맡기고, 여인들이 하는 말, 즉 아무도 그의 정해진 날은 결코 피할 수 없다고 한 말을 믿어라. 그리고 어떻게 사는 것이 그가 살아있는 동안에 최선의 삶을 살 수 있는 것인지에 대한 질문에도 그의 생각이 답을 내릴 수 있도록 해야 할 것이다.'[97]

47. 마치 별들과 함께 너도 그 궤도를 운행하고 있는 것처럼 별들의 운행을 관찰하고, 네 생각은 원소들이 서로 다른 것으로 변화하는 일에 늘 머물게 하라. 그런 것들에 대한 사색은 지상에서 살며 더러워진 것들을 말끔히 씻어 내린다.

48. 인간에 대하여 말하는 사람은 마치 어떤 높은 지점에서 그것들을 내려다보는 것처럼 세상사를 내려다보라―군중, 군대, 농장, 결혼, 이혼, 출생, 죽음, 법정에서의 소란스러움, 불모지不毛地, 다양한 이민족異民族, 축제, 장례식, 시장, 그리고 세상의 이 모든 것이 서로 혼합되어 상반된 것들이 질서 있는 결합을 이룬다.

49. 과거를 돌아보라―수많은 왕조가 거쳐 지나갔다. 그리고 너는 또한 미래에 대해서도 예견豫見해볼 수 있다. 미래에도 완전히 비슷한

---

97) 플라톤의『고르기아스』512d-e에서 인용한 말이다.

일들이 일어날 것이며, 현재에 일어나고 있는 일들의 흐름에서 벗어나지 못할 것이다. 그러므로 인간의 삶은 사십 년을 살펴보든 만 년을 살펴보든 차이가 나지 않는다. 무엇을 더 보겠는가?

50. 다시 말하면 '땅에서 태어난 것들은 땅으로 돌아가고, 하늘에서 생겨난 것은 그 왔던 곳으로 되돌아간다.'[98] 그렇지 않다면 결합되어 있던 원자들의 분해, 또는 그와 같은 무감각한 원자들의 해체다.

51. 다시 말하면 '그들은 특별한 음식이나 술을 차려놓고 주술을 행하여, 죽음의 위험에서 벗어나길 구한다.'[99] '신에게서 불어오는 풍파는 감당해야 하고, 수고에 대한 불평은 하지 말아야 한다.'[100]

52. '적수와 맞붙어서 넘어뜨리는 일을 잘 하는 사람이 있다.' 그러나 공공심公共心이 더 있다거나, 예의가 더 바르다거나, 상황에 더 잘 대처한다거나, 이웃의 잘못에 대해 더 관대하게 대하지 못하는 사람이 있다.

53. 신과 인간이 공유하는 이성에 따라서 임무를 성취할 수 있다면 두려워할 것이 없다. 우리 자신의 체질에 맞게 적절한 길을 따라 행

---

98) 에우리피데스의 『크리시포스』 단편 839에서 인용한 말이다.
99) 에우리피데스의 『탄원하는 여인들』 1110~1111행에서 인용한 말이다.
100) 출전이 불분명하다.

하는 행동으로 인해 혜택을 받을 만한 곳에 어떤 해악이 될 만한 두려움이 도사리고 있을 수는 없다.

54. 어느 곳에서나 어느 때든지, 네가 해야 될 일은 현재 상황에 만족하여 신들을 경외하는 것과, 너와 현재 함께하는 동료들을 정의롭게 대하는 것과, 너의 이해력이 실추되지 않기 위해 너의 생각 속에 현재 생겨나는 각각의 인상들을 심사숙고하는 것이다.

55. 다른 사람들의 지배적 정신에 대해 알려고 눈을 돌리지 말고, 본성이 너를 이끌어가고 있는 곳을 향해 곧바로 바라보라―우주의 본성은 너에게 일어나는 일들을 하며, 네 자신의 본성은 네 자신이 해야 하는 일들을 한다. 모든 존재는 자신의 본질에 적합한 것을 해야 한다. 다른 모든 것들은 이성적인 존재들을 섬기기 위해 만들어졌지만(마치 그 외 모든 열등한 것들이 우월한 것들을 위해 존재하는 것처럼), 그러나 이성적인 존재들은 서로를 섬기기 위해 존재한다.

따라서 인간의 본질에 있어서 최상의 원리는 사회적인 것이다. 두 번째는 육신적인 유혹에 저항하는 것이다. 이성과 지적 활동이 지닌 특유의 속성은 자신만의 영역을 가지며 감각적이고 충동적인 활동에 결코 영향을 받지 않는다. 이 두 가지, 곧 감각적이고 충동적인 활동은 동물의 계층에 속한 것이며, 지적인 활동의 목표는 이 둘에게 굴복하여 지배를 받는 것이 아니라, 오히려 지배를 하는 것이다―그렇게 올바르게 지적인 본성은 모든 사물을 자신의 것으로 사용한다. 이성적 본질의 세 번째 원리는 성급하게 판단하지 않고 속지 않는 것이다. 그러므로 너의 지배하는 정신으로 이러한 원리들을 굳게 잡고 올곧은 길을 따라 앞으로 나아가게 하라. 그러면 너의 본질이 이러한 원리들에 이르게 될 것이다.

56. 이제 네가 죽었거나 네가 이미 살고 있지 않다고 생각하라. 이제 너의 여생은 덤으로 생각해서 본성이 다스리는 대로 살아가라.

57. 오직 네게 일어나는 일들과 너에게 배정된 것들만 사랑하라. 무엇이 그보다 더 네게 맞는 일이 되겠느냐?

58. 너는 어떤 곤경에 처하게 될 때마다, 전에 너와 동일한 곤경에 처했던 사람들이 절치부심하고 의심하고 불만을 쏟아냈던 것을 상상해보라. 그런데 지금 그들은 어디에 있는가? 어디에도 없다. 자, 그러면 너도 그들과 같이 행동하고자 하는가? 왜 너는 그런 것에 의해 쉽게 변화를 일으키고 변화를 받는 자들의 기분에 좌우되지 않고, 네 자신을 위해 오히려 그러한 사태를 전적으로 유용하도록 만드는 것에 전념하지 않느냐? 너는 그러한 사태를 다시금 유용하게 할 수 있으며, 또한 그러한 사태를 이제껏 네가 다루어보지 못한 전혀 새로운 소재로 사용할 수 있을 것이다. 오로지 신중을 기하며 네가 하는 모든 일에서 최고의 선을 추구하라. 그리고 이 두 가지를 기억하라─행동이 중요한 것이며 전후사정은 그다지 중요한 것이 아니

라는 것이다.

59. 너의 내면으로 파고들라. 네가 계속해서 너의 내면에 파고들면, 거기에는 언제라도 선한 것이 솟구쳐 나오는 샘이 있다.

60. 육신 또한 강건하게 유지해야 하며, 움직일 때나 그렇지 않을 때나 함부로 굴려서는 안 된다. 마치 정신이 얼굴에 있어 그 표정의 품격을 드러내고 지적이고 매력적인 면을 유지하듯이, 그와 같은 것이 육신 전체에도 요구되어야 한다. 그러나 이 모든 것은 그것에 대한 분명한 지적을 하지 않아도 자연스럽게 갖추어져 있도록 해야 한다.

61. 살아가는 기술은 일어날 일들에 대비해서 서 있어야 하고 예기치 못한 일로 쓰러지지 않아야 한다는 점에서, 춤을 추는 것보다 씨름하는 것과 더 비슷하다.

62. 너는 네가 지지를 받기를 원하는 자들이 누구인지, 그들을 지배하고 있는 정신은 무엇인지에 대해 늘 숙고해야 한다. 네가 그들의 판단과 충동의 근원을 들여다 볼 때, 너는 그들이 부지불식간에 저지른 잘못에 대해 탓하지 않게 될 것이고, 그들의 지지가 필요하다는 느낌도 갖지 않게 될 것이다.

63. 플라톤은 이렇게 말했다. '혼은 원하지 않지만 진리를 빼앗긴

다.'[101] 정의와 절제와 친절과 모든 미덕에 있어서도 그와 같다. 너는 극히 중요한 이러한 것을 늘 염두에 두도록 하라. 그러면 너는 모든 사람을 더 너그럽게 대하게 될 것이다.

64. 너는 언제든지 고통을 느낄 때에는 고통은 도덕적인 악도 아니고 너의 지성에 해악을 끼칠 수도 없다는 것을 즉시 생각할 수 있어야 한다. 고통은 이성적이거나 사회적인 본성에도 손상을 입힐 수가 없다. 대체로 고통을 느낄 때에는 에피쿠로스[102]가 '네가 고통에는 한계가 있다는 것을 기억하고 너의 상상력으로 그 고통을 과장하지 않는 한에는, 고통은 참을 수 없는 것도 끝이 없는 것도 아니다.'라고 한 말로 도움을 얻게 될 것이다. 우리가 유쾌하지 못하다고 느끼는 모든 것도 고통이라고 인식하지는 못하지만 고통과 유사한 것이라는 것을 또한 기억하라—예를 들면 졸리거나 숨이 막힐 듯이 덥거나 식욕이 없을 수 있다. 그러므로 그런 것들로 네가 불평을 늘어놓는다면 '너는 고통에게 굴복당했다.'고 네 자신에게 말하라.

65. 너는 염세적인 사람들이 다른 사람들을 대하듯이, 그렇게 염세적인 사람들을 대하지 않도록 주의하라.

---

101) 플라톤의 『국가』 412e~413a, 『소피스트』 228c에서 나온 말을 에픽테토스가 『담화록』 제1권 28장 4절에서 그 나름대로 달리 표현한 말이다.
102) 에피쿠로스Epikuros(기원전 341~270년경)는 고대 그리스의 철학자이며 에피쿠로스학파의 창시자다.

66. 우리는 텔라우게스[103]의 성품이 소크라테스보다 더 탁월하지 못했다는 것을 어떻게 아는가? 소크라테스가 더 영광스럽게 죽었다는 것, 소피스트들을 상대로 더 능란하게 논쟁을 벌였다는 것, 냉기서린 온 밤을 밖에서 보내는 극도의 인내심을 보였다는 것,[104] 살라미스의 레온을 체포하라는 명령을 거절하기로 결정할 만한 용기를 지녔다는 것,[105] 그가 '거리를 활보하고 다녔다는 것'[106](이것이 사실인지 의문이 들지만)으로는 그것을 아는 데 충분하지 않다. 우리가 살펴보아야 할 것은 소크라테스의 혼의 본성이다. 우리는 그가 사람들에게 보여준 정의로운 삶과 신들을 섬기는 경건한 삶으로 만족할 수 있는지와 다수의 사람들이 저지르는 온갖 비행에 대해 비난하지 않고, 어떤 사람의 무지에 아첨하고 동조하지 않았으며, 우주가 자신에게 할당한 일에 대해 잘못되었거나 자신이 감당할 수 없는 참담한 것이라고 여기지 않았으며, 그의 정신을 그지없이 보잘것없는 육신의 열정으로 분산시키지 않았는지에 대해서 물어보아야 한다.

67. 자연의 도道는 너를 우주의 결합체로 혼합시켜서 네 자신만의 경계선을 침범하지도 않으며 네 자신의 통제력으로 네 자신의 일을 수행해나가는 것을 방해하지도 않는다. 항상 이 점을 기억하라. 또한

---

103) 텔라우게스Telauges는 피타고라스의 아들이라고 알려진 전설적인 인물이다.
104) 플라톤의 『연』 220a-d에 나온 말이다.
105) 플라톤의 『소크라테스의 변론』 32c에서 나온다.
106) 아리스토파네스의 『구름』 362행에 나오는 말이다.

행복한 삶은 지극히 작은 것에서 비롯된다는 사실을 기억하라. 그리고 네가 철학자나 과학자가 될 희망을 포기했다고 해서, 너는 자유로운 영혼과 신실함과 사회적인 양심과 신에게 순종하는 것을 체념해야 된다는 생각을 하지 말라. 아무도 미처 깨닫지 못하고 있지만 '신성한 인간'이 된다는 것은 전적으로 가능한 일이다.

68. 세상 모든 사람이 너에 대하여 비방과 욕설을 퍼붓는다고 해도, 야수들이 너를 둘러싸고 있는 보잘것없는 너의 육신의 지체들을 찢어놓는다고 해도, 너는 그 모든 압박감에서 벗어나서 지극히 자족하는 삶을 영위해나갈 수가 있다. 이 모든 것 중에 무엇이 너의 정신이 그 자체로 평온을 유지하고, 상황에 대한 올바른 판단을 하며, 자신에게 넘겨진 어떤 대상들을 유용하게 만드는 것을 막을 수가 있겠는가? 그러므로 판단은 상황에게 말하기를 '너의 실체가 바로 이것인데도 너는 항상 그렇듯이 다른 양상을 드러내고 있다.'고 하며, 모든 것을 유용하게 만들 수 있는 것은 자신에게 넘겨진 대상들을 향해 '나는 너를 찾고 있었다. 나는 항상 현재의 모든 것을 이성적이고 사회적인 미덕을 행사할 수 있는 처음 다루는 소재로—요컨대 인간이나 신을 위한 기술의 소재로—받아들인다.' 신이나 인간은 발생된 어떤 것도 이해할 수 있기 때문이다. 그 모든 것은 새롭지도 않으며 다루기 힘들지도 않고, 익숙하고 다루기 용이한 것들이다.

69. 인간적인 성품의 완성은 하루하루를 너의 마지막인 것처럼 살

면서 광분에 휩싸이지 않으며 모든 일에 무관심하지 않으며 가식적이지 않는 데 있다.

70. 불멸하는 신들은 그토록 오랜 기간에 걸쳐 사람으로서 가치 없는 수많은 자에게도 그들의 필요를 용인하는 데 분노하지 않는다. 그뿐만 아니라 신들은 온갖 방식으로 그들을 돌보아주기까지 한다. 반면에 너는 세상을 떠나기 전 아주 짧은 기간에도 그러한 수고를 하는 것을, 그리고 네 자신이 가치 없는 사람들 중 하나라는 것을 거부한다.

71. 자기 자신의 악행에서 벗어날 수 있는데도 벗어나지 않으면서, 다른 사람들의 악행에서 벗어날 수 없는데도 벗어나겠다고 애를 쓰는 것은 터무니없는 일이다.

72. 이성적이고 사회적인 능력이 지적이지도 않고 공익을 위한 것도 아닌 것으로 여겨진 무엇이든지, 그 자체로 열등한 것이라고 판단해도 타당하다.

73. 너는 선한 일을 행했고 다른 사람은 그로 인한 혜택을 받았을 때에 왜 너는 어리석은 자처럼 세 번째 일, 곧 선한 일에 대한 칭찬이나 보답을 바라는가?

74. 유익을 받는 것을 대수롭지 않게 여기는 사람은 아무도 없다. 본성을 따르는 행동은 네 자신에게 유익이다. 그러므로 너는 다른 사람들에게 유익을 주는 것으로 네 자신이 유익을 얻는 것을 대수롭지 않게 여기지 말라.

75. 우주의 본성은 그 자체로 우주를 창출해냈다. 그러므로 지금 존재하는 모든 것은 논리적인 결과물로서 생겨난 것들로 볼 수 있지만, 그렇지 않다면 우주를 다스리는 이성의 기본적인 목표조차도 자신의 충동에 의해 설정한 비이성적인 것이 된다. 이러한 것을 상기한다면, 너는 더욱 큰 평정심을 가지고 당면한 많은 일에 도움을 얻게 될 것이다.

제 8 권

1. 네가 너의 전 생애에 있어서 아니면 적어도 성인이 된 후에 철학자로서의 삶을 살아가는 기회를 잃었다는 것은 너의 허울뿐인 것들을 뿌리치기에 충분하다. 참으로 네가 철학과 거리가 멀다는 것은 네 자신을 포함해서 많은 사람이 분명하게 알고 있는 사실이다. 너의 삶은 이미 세속에 물들어 있기 때문에 지금 네가 철학자로서의 명성을 얻는다는 것은 어려운 일일 뿐 아니라, 삶에 있어 너의 입장은 철학과는 정반대의 방향으로 너를 이끌어 가고 있다. 거짓의 실체에 대해 진정한 자각을 했다면 명성에 대한 어떤 관심조차도 버리고, 너의 여생에 남은 일들을 너의 본성이 원하는 방향으로 할 수 있다면 그것으로 만족하라. 그러므로 너는 본성이 원하는 것들이 무엇인지 깊이 살펴야 하며, 그 밖의 다른 것들로 너를 산만하게 하지 말라. 너는 이

제멋 방랑했던 삶 속에서 그 어디에도 선한 삶이 없다는 것을 경험을 통해서 알고 있다―논리학에도, 부요에도, 명성에도, 향락에도, 그 어디에도 없다. 그렇다면 선한 삶은 어디에서 찾을 수 있는가? 그 선한 삶은 인간의 본성이 요구하는 바를 행하는 데 있다. 그러면 그는 그것을 하기 위해 어떻게 해야 하는가? 충동과 행동을 다스리는 원리들을 지님으로써 가능하다. 그 원리들은 무엇인가? 선과 악에 대한 것들이다―인간 존재를 정의롭고 절제하며 용감하고 자유롭게 해주지 않는 것들은 선하지 않고, 그리고 그와 반대로 인간을 이끌지 않는 것을 악하지 않다고 확신하는 것이다.

2. 각각의 행동을 할 때마다 자기 자신에게 이렇게 물어보라. '이 행동이 나와 무슨 상관이 있는가? 나는 그 행동을 함으로써 후회하지는 않을까?' 머잖아 나는 죽고, 모든 것도 사라져버린다. 그러나 내가 지금 하는 일이 지적이고 사회적인 존재가 해야 할 일이고, 신과 동일한 법을 공유하고 있다면, 내가 바랄 것이 무엇이 더 있겠는가?

3. 알렉산드로스, 율리우스 카이사르, 폼페이우스―이들은 디오게네스,[107] 헤라클레이토스, 소크라테스에 비해 어떤 사람들인가? 후

---

107) 디오게네스Diogenes(기원전 400?~323년)는 그리스의 철학자로 안티스테네스의 제자가 되어 견유학파의 창시자가 되었다. 그가 일광욕을 하고 있을 때 알렉산드로스 대왕이 그에게 소원을 묻자, 아무것도 필요한 것이 없고 햇빛을 가리지 말고 비켜달라고 한 말로 유명하며, 이에 알렉산드로스 대왕은 자기가 대왕이 되지 않았더라면 디오게네스가 되기를 원했을 것이라고 말했다고 한다. 물욕에서 벗어나 자족 생활을 실천했다.

자에 속한 이 사람들은 만물의 실재와 그 원인과 질료, 그리고 그들을 다스리는 정신이 그들 자신의 주인이라는 것을 알았다. 전자에 속한 사람들은 그들의 온갖 야망에 사로잡힌 노예가 되어 살아갔다.

4. 네가 분노하여 몹시 성을 내더라도 사람들은 여전히 너의 일에 개의치 않고 하던 일을 계속할 것이다.

5. 우선적으로 냉정성靜을 잃지 말라. 모든 것은 우주의 본성을 따르고, 잠시 후에 너는 하드리아누스 황제나 아우구스투스 황제처럼 아무것도 아닌 존재로 그 어디에도 존재하지 않게 될 것이다. 그 다음으로는 네가 당면한 문제에 집중해서 그 일의 실상을 파악하라. 너의 임무는 선한 자가 되는 것임을 네 자신에게 상기시키고, 인간의 본성이 요구하는 것을 행할 수 있도록 준비하고, 올곧게 초지일관初志一貫으로 그것을 행하고 네가 가장 옳다고 여기는 것을 말하라. 항상 온화하고 진실하고 정직하게 행하라.

6. 우주의 본성이 하는 일은 지금의 실제 상황을 다른 것으로 바꾸고, 만물을 변화시키고, 이곳에 있는 것을 가져다가 저곳으로 옮겨 놓는다. 만물은 변화된 것들이며, 그것의 분배 방식은 균등하게 이루어진다. 모든 것은 친숙한 것들로 그 어떤 새로운 것에 대한 두려움을 느낄 하등의 이유가 없다.

7. 모든 생명체는 자신의 본성에 맞는 정도正道를 따를 때 만족한다. 이성적인 본성이 정도를 따른다는 것은 자신의 정신에 주어진 인상 중에서 거짓되고 모호한 것들을 거부하고, 오로지 자신의 충동을 사회적인 활동에 기여하게 하고, 자신의 영역에 속한 것들에 대해서만 좋고 싫음을 표현하고, 우주의 본성으로 할당된 모든 것을 환영하는 것이다. 마치 식물 잎의 본성이 식물의 본성의 일부인 것처럼, 이성적인 본성은 우주의 본성의 일부이기 때문이다. 한 가지 차이점은 잎의 본성은 지각과 이성의 결핍과 쉽게 방해를 받을 수 있는 본성의 일부이다. 반면에 인간의 본성은 방해를 받지 않고 지적이며 정의롭게 행할 수 있는 본성의 일부인 것이다―이 본성은 각각의 사물에 기간과 실체와 원인과 활동과 경험의 할당량을 공평하고 적절하게 배정한다. 하지만 모든 경우에 있어서 사물을 개별적으로 대응해서 유사성을 찾는 것이 아니라, 총체적으로 대등對等한 것끼리, 즉 이 사물 전체의 본성과 저 사물 전체의 본성의 유사성을 찾아야 한다.

8. 너는 학문에 정진하지는 못했지만 교만을 통제할 수 있고, 쾌락이나 고통을 극복해낼 수 있으며, 하찮은 명예욕에 초연할 수도 있다. 몰인정하고 배은망덕한 자들에게 분노하지 않을 수 있으며, 도리어 그들을 보살펴줄 수도 있다.

9. 아무도 더 이상 네가 궁성에 사는 것에 대해서 불평하는 말을 들을 수 없게 하라. 네 자신도 그 불평하는 말을 듣지 말라.

10. 후회라는 것은 유익한 그 무엇을 잃은 것에 대한 일종의 자책 自責이다. 선善한 것은 유익하고 전적으로 선한 자라면 그것에 관심을 가져야만 한다. 참으로 선한 자라면 쾌락을 놓친 것을 후회스럽게 생각하지 않는다. 그러므로 쾌락은 유익한 것도 선한 것도 아니다.

11. 이 사물은 그 자체로 무엇이며, 이것의 본성은 무엇인가? 그것의 실체의 요소와 질료, 그것의 원인은 무엇인가? 우주 안에서의 그것의 기능은 어떤 것인가? 그것의 존속 기간은 얼마나 되는가?

12. 너는 잠자리에서 마지못해 일어날 때마다, 사회적인 활동을 수행하는 것은 너의 체질과 인간의 본성에 따른 것이지만, 잠자는 것은 말 못하는 동물들도 너와 공유할 수 있는 것이라는 것을 네 자신에게 상기시켜라. 개별적인 존재들이 본성을 따름으로써 본성과의 더 밀접한 관련성을 갖게 되며 동질성과 더 많은 친근성을 유발한다.

13. 끊임없이 너의 정신적인 인상들을 시험하라—가능하다면 각 인상을 개별적으로 하되 그 원인을 조사하고, 감정을 인식하고, 논리적인 분석에 의거하라.

14. 누군가를 만날 때마다 먼저 네 자신에게 그 즉시 물어보라. '이 사람은 선악에 대하여 어떤 가치관을 지니고 있을까?' 그 사람이 쾌락과 고통과 그 원인들, 명예와 불명예, 죽음과 삶에 대해 그러한 가

치관을 지니고 있다면, 나는 그 사람이 거기에 걸맞게 그런 식으로 행동하는 것에 대해 놀라거나 이상하게 여기지 않게 될 것이고, 그에게는 다른 선택의 여지가 없을 뿐 아니라 그렇게 행동할 수밖에 없다는 것에 대해 유념하게 될 것이기 때문이다.

15. 무화과나무가 무화과 열매를 맺는 것을 가지고 놀라는 것은 불합리한 일이다. 그와 동일하게 의사나 선장이 환자에게 열이 나는 것이나 역풍이 부는 것을 보고 놀라는 것도 불합리한 일이다. 그러므로 우주가 수확할 시기에 그와 같은 결과물을 생산해내는 것을 보고 전혀 놀랄 이유가 없다는 것에 유념하라.

16. 잘못된 방향을 바꾸고 충고를 받아들여 바로잡는 것은 너의 자유를 버리는 일이 아니라는 것에 유념하라. 그러한 행동은 네 자신의 열의와 판단에 의거한 것으로, 참으로 네 지적인 판단으로 네 자신이 행한 것이다.

17. 너에게 선택권이 주어졌다면, 왜 그 일을 하는가? 그러나 다른 곳에 선택권이 있다면, 왜 너는 책임을 떠넘기려고 하는가?─원자들, 아니면 신들인가? 어느 쪽에 책임을 묻든지 그것은 미친 짓이다. 책임을 추궁하지 말라. 그러나 할 수 있다면, 그 일에 책임이 있는 자를 바로잡으라. 그것이 안 되면 직어도 그 일 자체리도 바로잡도록 해라. 그 역시 불가능하다면, 네가 책임을 묻는 것이 무슨 소용이 있

겠는가? 아무 소용없는 것은 하지 말아야 한다.

18. 죽는다는 것은 우주 밖으로 내던져지는 것이 아니다. 우주 안에 머물면서 변화한다면, 여기에서도 역시 구성 요소들로 지속적으로 분해되는데, 그것은 우주의 원소들이자 네 자신의 원소들이다. 그 원소들은 변화하시만, 사신들의 변화에 대해 불평하지는 않는다.

19. 말이든 포도나무든 모든 사물은 목적을 위해서 존재한다. 너는 이 말이 놀라운가? 태양조차도 '나는 목적을 위해 존재하게 되었다.'고 말할 것이다. 다른 신들도 이와 같이 말할 것이다. 그렇다면 너는 무슨 목적을 위해 조성되었는가? 쾌락을 위해서인가? 너의 이성이 그런 생각을 허용하는지 알아보라.

20. 자연이 모든 사물에 대해 이루고자 하는 목표는 그 시작과 과정만큼이나, 마치 누군가가 공을 위로 던져놓고서 쳐다보는 것과 같이 그 결과에도 주목한다. 하지만 공이 위로 상승해서 공중에 떠 있다고 무슨 유익이 되고, 밑으로 하강한다거나 땅에 떨어진다고 해서 그것이 무슨 해악이 되겠는가? 거품이 일어났다고 해서 무슨 유익이 되고, 거품이 꺼진다고 해서 그것이 무슨 해악이 되겠는가? 촛불도 이와 마찬가지다.

21. 인생이 무엇과 같은지, 나이 들고 병들고 죽는 것이 무엇인지

를 낱낱이 파헤쳐 살펴보라. 칭찬하는 자에게도 칭찬받는 자에게도, 기억하는 자에게도 기억되는 자에게도 인생은 지극히 짧다. 게다가 그런 일들은 대륙의 한 점에 불과한 데서 일어나고 있으며, 심지어 이곳에서도 사람들은 각각 서로에게, 또는 개개인이 그 자신에게조차 의견을 조율하지 못하고 있다. 그리고 지구 전체도 단지 우주 공간에 있는 하나의 점에 불과하다.

22. 문제에 대한 대상이나 역할, 원칙이나 의미에 집중하라. 네게 일어나는 일들은 당연한 것이다. 너는 오늘 선한 자가 되려고 하지 않고 내일 선한 자가 되려고 하기 때문이다.

23. 무슨 일을 하고 있는가? 나는 그 일을 인류의 유익을 위해서 한다. 나에게 무슨 일이 일어나고 있는가? 나는 그 일이 신들과, 그리고 만물이 생겨난 우주의 근원과 밀접하게 관련된 것으로써 받아들인다.

24. 네가 목욕할 때 볼 수 있는 온갖 비누, 땀과 때, 기름투성이 물, 역겨운 모든 것처럼 인생의 모든 부분과 인생에서 만나는 모든 대상도 그와 같다.

25. 루킬라[108]는 베루스[109]를 매장했고, 그런 다음 루킬라도 매장되었다. 세쿤다는 막시무스를 매장했고, 그다음에는 세쿤다도 매장되었다.[110] 에피팅카누스는 디오티무스를 매장했고,[111] 안토니누스는 파우스티나[112]를 매장했으며, 매장한 그들도 매장되었다. 항상 이와 같이 동일한 일이 벌어진다. 켈레르[113]는 하드리아누스[114]가 무덤에 들어가는 것을 보았고, 그런 다음에는 그 자신도 무덤에 들어갔다. 예리한 정신력을 지녔던 자들, 예언가들, 도덕군자인양 굴던 자들은 지금 어디에 있는가? 예컨대 카락스와 플라톤학파의 데메트리오스와 에우다이몬이나,[115] 그 밖에 그들과 같은 탁월한 정신력을 지녔던 자들은 지금 어디에 있는가? 그들 모두 하루살이 인생이며 오래전에 죽었다. 그중 어떤 이들은 잠시 동안도 기억되지 않았고, 어떤 이들은 전설 속의 인물이 되었으며, 어떤 이들은 이미 전설에서마저 사라

---

108) 루킬라Lucilla는 마르쿠스의 생모다.

109) 베루스Verus는 루킬라의 남편이자 마르쿠스의 생부다.

110) 막시무스Maximus는 마르쿠스의 스승이었으며, 세쿤다Secunda는 막시무스의 아내로 추정된다.

111) 에피팅카누스Epitynchanus와 디오티무스Diotimus에 대해서는 알려진 것이 없다.

112) 파우스티나Faustina는 마르쿠스의 삼촌이자 양부인 안토니누스 피우스 황제의 아내로, 젊은 나이에 세상을 떠났다.

113) 켈레르Keler는 마르쿠스의 수사학 선생이었다.

114) 하드리아누스Hadrianus은 138년에 사망한 로마의 황제이거나, 그 이름을 가진 소피스트로 보기도 한다.

115) 카락스Charax에 대해서는 알려진 바가 없고, 데메트리오스Demetrios는 베스파시아누스 황제에게 추방되었던 견유학파 철학자로 추정되며, 에우다이몬Eudaimon은 하드리아누스 황제의 비서였다.

져 버렸다.

너의 육신을 이루고 있는 보잘것없는 것들은 해체되고, 너의 허약한 호흡도 꺼져버리거나 다른 곳으로 이주해갈 것임을 기억하라.

26. 인간의 기쁨은 인간에게 적절한 일을 할 때 얻어진다. 인간에게 적절한 일은 자신의 동족에게 자비를 베풀고, 감각적 충동을 경멸하고, 신뢰할 수 있는 인상들을 진단하고, 우주의 본성과 그로 인해 생겨난 만물들에 대해 숙고하는 것이다.

27. 세 가지 관계가 있다. 첫째는 너의 외형을 조성하는 육신과의 관계고, 두 번째는 모든 사람에게 일어나는 모든 것의 원천이 되는 신적인 원인과의 관계며, 세 번째는 너의 동료들과 동시대를 살아가는 사람들과의 관계다.

28. 고통은 육신에게 악이며—육신으로 고통의 흔적을 갖게 해주며—혼에게도 악이다. 그러나 혼은 고통을 악으로 여기지 않고 자신만의 맑은 하늘과 고요한 항해를 유지할 수가 있다. 모든 판단과 충동, 열망과 증오는 혼 안에서 일어나며, 거기에는 어떠한 악도 침입해 들어올 수 없다.

29. '나는 지금 내 안에 있는 능력으로 이떤 해악이나 욕망이나 다른 어떤 동요도 일으키지 않도록 지킨다. 만물에 대한 진정한 가치를

알아내어 그 가치에 맞게 적절히 대처할 수 있다.'고 끊임없이 네 자신에게 말함으로써 너의 정신 속으로 들어오는 망상을 지워버려라. 자연이 네게 부여한 이러한 능력을 상기하라.

30. 원로원이나 개인에게 말할 때 간단명료하게 말하고 현학적인 말투는 삼가며 진솔하게 말하라.

31. 아우구스투스의 궁전에 있던 아내, 딸, 자손들, 양아들, 누이, 아그리파,[116] 친척들, 가솔들, 친구들, 아레이오스,[117] 마이케나스,[118] 의사들, 사제들과 궁전 전체가 죽어 없어졌다. 다른 경우를 살펴보더라도, 단지 어느 한 개인이 죽은 것이 아니라 폼페이우스가*처럼 가문 전체가 죽고 없다. 너는 '가문의 마지막 사람'이라는 묘비명을 본다. 이전 세대의 사람들이 대를 이어 그 후손을 남기기 위해 얼마나 고심했는지 생각해보라. 하지만 누군가는 가문의 마지막 사람이 될 수밖에 없다. 여기에도 또다시 가문 전체가 죽고 없어졌다.

32. 너는 너의 삶에서 행동에 대한 조치를 구상해야 하고, 최선을

---

116) 아그리파Agrippa(기원전 62~12년)는 아우구스투스 황제와 젊은 시절부터 친분이 매우 두터운 사이로 아우구스투스의 군사·외교적 치적에 크게 공헌한 인물이다.

117) 아레이오스Areios는 알렉산드리아 태생의 스토아 철학자로, 아우구스투스의 궁전에 상주했던 철학자였다.

118) 마이케나스Maecenas는 아그리파와 더불어 아우구스투스의 주요한 측근 중 한 사람이자 충실한 조언자였다.

다하므로 각각의 행동이 그 목적을 달성해낸다면 그것으로 만족해야 한다. 아무도 네가 달성하고자 하는 것을 막을 자는 없다. '그러나 어떤 외부적인 방해가 있을 것이다.' 그렇지만 정의에 입각해서 신중하게 이성적으로 행동해나가면 방해는 없다. '그러나 아마도 행동의 어떤 다른 면에서 방해가 있을 것이다.' 그러면 그와 같은 방해를 기꺼이 받아들이고 주어진 상황에 대처하여, 신중한 변화를 꾀하며 즉시 행동 방법을 달리하는 것이 논의한 대로 네 삶을 적합하게 이끌어갈 것이다.

33. 겸허히 받아들이고 흔쾌히 내어주어라.

34. 손이나 발이나 머리가 절단되어 몸에서 떨어져 나가 다른 곳에 놓여 있는 것을 본 적이 있다면, 그것은 어떤 자들이 자신에게 행하는 것처럼 할 수 있는 한 자신의 운명을 받아들이지 않고 사회로부터 자신을 분리시키거나 어떤 비사회적인 행동을 일삼는 자들과 유사하다는 사실을 알 수 있을 것이다. 그런 경우에 너는 네 자신을 본성의 연합으로부터 제외시킨 것이다. 너는 그 본성의 일부로 태어났지만 지금 너는 스스로를 본성에서 분리시켰다. 하지만 여전히 역설적인 상황은 마련되어 있다. 네게는 다시 본성의 연합에 합류할 수 있는 길이 열려있다. 분리되어 떨어져 나왔다가 다시 합류될 수 있는, 신이 부여한 이러한 인간의 특권은 결코 다른 부문에서는 찾아볼 수 없는 것이다. 그러므로 인간에게 호의를 베푼 영광스런 신에 대해 숙고

하라. 신은 인간의 능력으로 본래의 자리인 우주로부터 분리될 수 없도록 했으나, 인간 스스로 분리되었다면 다시 돌아와서 성장하며 구성원의 하나로서 자신의 역할을 재개할 수 있도록 했다.

35. 우주의 본성이 모든 이성적인 존재에게 모든 다른 능력의 근원이 되듯이, 이와 같은 능력이 우리에게도 주어졌다. 그것은 우주의 본성이 자기의 목적에 방해되거나 상반되는 모든 것을 돌이켜서, 계획되고 정해진 곳에 배치하고 그 자신의 일부가 되게 하듯이, 모든 이성적인 존재도 모든 방해되는 질료를 자신이 유용할 수 있는 것으로 전환하여 자신의 본래의 목적 대로 사용한다.

36. 너의 전 생애를 둘러보고 우울해하지 말라. 지나간 과거와 미래에 겪게 될 온갖 여러 가지 문제에 대해 곱씹어 생각하지 말라. 현재의 일에만 열중해서 네 자신에게 물어보라. '이 일은 내가 견디어낼 수 없고 감당할 수 없는 일인가?' 너는 네 자신이 그런 것을 인정하는 것조차도 수치스럽게 여기게 될 것이다. 그러면 너에게 중압감을 주는 것은 미래나 과거도 아닌 항상 현재라는 것을 네 자신에게 상기시켜라. 그리고 현재만을 따로 분리시켜놓고, 그 실체가 드러난 어떤 것에 대항하지 못하는 네 나약한 정신을 일깨울 수만 있다면, 현재에 감당해야 할 그 짐은 훨씬 축소될 것이다.

37. 판테이아[119]나 페르가무스[120]가 여전히 베루스의 무덤 앞에 앉아 있을까? 카브리아스나 디오티무스[121]가 하드리아누스의 무덤 앞에 앉아 있을까? 가당치 않은 일이다. 그들이 여전히 거기에 앉아 있다고 해도 죽은 자들이 그것을 알기나 할까? 만약 안다고 해도 그들이 기뻐할까? 만약 기뻐한다고 해도 그들의 조문객들이 영원히 살게 될까? 그 조문객들의 운명은 처음에는 나이가 들어—다른 이와 마찬가지로 노파나 노인이 되어—결국에는 죽는 것이 아니던가? 그들과 함께 죽고 나면 그들은 조문했던 자들에게 그다음으로 해야 할 무슨 일이 있을까? 이 모든 것은 뼈만 남은 사람들의 부패하고 악취를 풍기는 일일 뿐이다.

38. 예리한 눈을 가졌다면 그 눈을 사용해라. 그러나 어느 시인이 말한 대로, 거기에 덧붙여 지혜로운 판단을 해라.

39. 이성적인 존재의 기질에서 정의와 반대되는 미덕은 찾아볼 수 없지만, 쾌락과 반대되는 미덕은 볼 수 있다. 그것은 자제력이다.

40. 고통스럽게 보이는 어떤 것에 대해 네 판단을 지워버리면, 네

119) 판테이아Pantheia는 창녀로, 마르쿠스와 함께 입양된 형제 베루스Verus의 정부였다.
120) 페르가무스Pergamus는 알려진 바가 없으나 베루스의 해방 노예인 듯하다.
121) 카브리아스Chabrias와 디오티무스Diotimus는 하드리아누스 황제의 측근들이나 연인들인 듯하다.

자신은 전혀 고통에 대해 영향을 받지 않게 된다. 여기에서 '네 자신은 무엇인가?' 이성이다. '하지만 나는 곧 이성이 아니다.' 인정한다. 그렇다면 너의 이성으로 그 자신에게 고통을 주지 않도록 하라. 그러나 너의 다른 부분, 곧 육신이 고통을 받고 있다면 그 부분들은 그 자체에 대한 판단을 드러낼 수 있다.

41. 감각적인 인식을 방해하는 것은 동물적인 본성에 해로운 것이다. 충동을 방해하는 것도 동물적인 본성에 마찬가지로 해롭다(그 밖에 어떤 것들이 식물의 본질을 방해하고 해롭게 하는 것도 이와 유사할 것이다). 결론적으로 정신을 방해하는 것은 지적인 본성에 해롭다는 것이다.

이제 이 모든 것을 네 자신에게 적용해보라. 고통이나 쾌락이 네게 영향을 끼치고 있는가? 그것은 감각에 대한 것이다. 네게서 충동이 일어났고 어떤 방해를 받은 적이 있는가? 그러한 충동이 무조건적으로 이루어지기만을 바란다면, 그러한 방해는 너의 이성적인 본성에 해로운 것이다. 하지만 네가 그 방해를 통상적으로 겪는 일로 받아들인다면, 그로 인해 해를 입지 않게 되거나 방해를 받지도 않는다. 너도 알듯이 이성의 고유한 기능을 방해할 수 있는 것은 아무것도 없다. 불이나 칼이나 폭정이나 중상, 그 밖에 다른 어떤 것도 이성을 건드릴 수 없으며, 이성은 '단독적인 완전한 구체'로 이루어져 있다.

42. 나는 내 자신을 가해한 적도 없으며, 다른 사람을 결코 의도적

으로 가해한 적도 없다.

43. 기뻐하는 것은 사람마다 제각기 다르다. 내가 기뻐하는 것은 나를 지배하는 이성을 순수하게 지키고, 인간 존재가 처한 상황을 부정하지 않고, 친밀한 눈으로 모든 것을 바라보고 받아들여서 각각의 적절한 가치에 따라 응용하는 데 있다.

44. 현재의 시간을 네 자신에게 주어진 선물이 되게 하라. 사후에 명성을 추구하는 데 집착하는 자들은 후세 사람들도 지금 그들이 좋아할 수 없는 자들과 같은 그런 자들이고, 그들도 당연히 죽을 자들이라고 여기지 못한다. 후세 사람들이 너에 대해 이런 저런 말을 해대고, 너에 대해 내리는 그들의 평판이 너와 상관이 있겠는가?

45. 나를 들어 올려 네가 원하는 곳으로 내던져보라. 내가 있는 어디에서든 내 안에 있는 신성을 평온하게 유지하며, 사고방식과 행동이 내 자신의 체질을 따른다면 나는 만족할 것이다.
　그러한 일을 당했다고 해서 나의 혼이 병들고 불편해 할 만한 하등의 이유가 있겠으며, 천대받고 갈급해 하고 구속받고 겁을 집어먹겠는가? 너는 그래야만 하는 어떤 흡족할 만한 이유라도 있는가?

46. 인간에게는 인간적인 본성에 따른 경험 밖의 일은 일어나지 않는다. 소 역시 소의 본성과 달리 이질적인 일이 일어날 수 없으며, 포

도나무에게는 포도나무의 본성과 맞지 않는 일이 일어날 수 없고, 돌역시 돌이 갖는 성분과 거스르는 일은 일어나지 않는다. 각각의 사물에게는 그 나름대로의 통상적이고 자연스런 일이 일어나고 있다면, 너는 왜 불평하는 것이냐? 우주의 본성이 네게 가져다준 것에서 네가 감당할 수 없는 것은 아무것도 없다.

47. 네가 받는 고통이 외부적인 어떤 원인에 있다면, 외부적인 그일로 네가 고통을 받는 것이 아니라, 그것에 대한 너의 판단 때문이다. 그리고 너는 즉시 그 판단을 지워버릴 수 있다. 네 자신의 사고방식으로 인해 네가 그런 고통을 받고 있다면, 너의 생각을 고쳐나가는 것을 저지할 사람은 아무도 없다. 네가 유익하다고 생각하는 어떤것을 실행하지 못해서 고통을 받는 것이라면, 초조해 하며 안달하기보다는 그 일을 실행해야 하지 않겠냐? '그러나 요지부동한 장애물이 그 길을 막고 있어요.' 그렇다면 그 일을 실행할 수 없는 원인이네게 있지 않기 때문에 네가 그로 인해 고통을 받을 이유가 없다.

'하지만 그 일을 하지 않으면 내 인생은 아무런 가치가 없어요.' 그렇다면 너의 길을 막고 있는 장애물을 딛고 일어서서 자신의 목적을 달성해낸 평온한 자들이 죽음을 품위 있게 맞이하는 것처럼 너도 그렇게 살다가 삶을 떠나가야 한다.

48. 너를 지배하는 정신이 자기가 원하지 않는 것은 그 어떤 것도행하지 않고 그 자신 속으로 물러나서 자족할 때, 비록 그런 행태가

비이성적인 것이라고 할지라도, 그 이성은 그 무엇에도 방해받지 않는 상태가 된다는 것을 상기하라. 그런데 하물며 이성이 이성적이고 의도적으로 판단을 형성할 때에는 얼마나 더 그러하겠느냐? 정념에서 자유로워진 정신은 요새와 같다. 인간에게 그것보다 더 견고한 도피처는 없으며, 누구도 방해받지 않는 무적의 요새가 된다. 이것을 알지 못하는 사람은 지혜롭지 못한 자이고, 이를 알면서도 이 요새로 도피하지 않는 자는 불행한 자다.

49. 네가 받은 최초의 인상이 전달해주는 것 외에, 네 자신에게 추가적으로 부풀리어 말하지 말라. 네가 아무개가 너에 대해 비방을 했다는 말을 했다고 하자. 너는 그 말을 전달했으며, 네가 그로 인해 해를 입었다는 말은 하지 않았다. 나는 나의 어린 아들이 앓고 있는 것을 본다. 그것이 바로 내가 본 것이고, 그 아이가 위험에 처한 것은 보지 못했다. 그러므로 항상 최초의 인상에서 벗어나지 말고, 생각에 의거해서 추가적으로 부풀리는 결론을 내리지 말라. 그러면 아무 일도 일어나지 않을 것이다. 그보다는 너는 이 세상에서 일어나는 모든 일을 익히 알고 있는 사람으로서는 이런 저런 것을 추가해서 결론을 내릴 수가 있다.

50. 오이가 쓴 맛이 나는가? 던져버려라. 길에 가시덤불이 있는가? 돌아서 가라. 네가 해야 할 것은 그게 전부다. '도대체 왜 이런 것들이 세상에 있는 것일까?'라고 묻지 말라. 자연을 연구하는 사람

들의 웃음거리만 될 것이다. 그것은 마치 목수와 제화공에게 그들의 작업장에서 왜 대팻밥과 가죽 조각이 보이는 것이냐고 항의하면, 그들이 너를 비웃는 것과도 같다. 반면에 우주의 본성은 그 자신의 외부에 버릴 만한 어떤 곳도 지니고 있지 않다. 하지만 우주의 본성이 부패하고 낡았거나 용도가 사라진 것처럼 보이는 것들, 그 모든 것에 침투해서 자신의 것으로 만들어서 그것을 재활용하는 그러한 기술은 경이롭다. 그리고 그와 같은 질료를 가지고 다시 새롭게 만들어낸다. 여기에 우주의 본성은 그 자신 외에 다른 질료를 요구하지 않으며, 쓰레기장도 필요로 하지 않는다. 그 자신의 공간과 그 자신의 질료와 그 자신의 기술만으로도 충분하다.

51. 행동할 때는 미적거리지 말고, 대화할 때는 횡설수설하지 말며, 생각할 때는 흐리멍덩하지 말라. 너의 정신으로 우울해하거나 우쭐하지 않도록 하라. 그리고 너의 삶에서 어느 정도의 여가를 허용하라.

'그들이 죽이고, 갈기갈기 찢고, 저주로 험담을 하고 있다.' 그런 것들이 도대체 네가 순수하고 온전하며 냉철하고 정의로운 정신을 유지해나가는 것과 무슨 상관이 있단 말인가? 그것은 마치 사람이 맑은 샘을 찾아와서 감수를 마시며 그 샘을 저주하는 것과도 같다. 하지만 그곳에는 여전히 마시기에 좋은 물이 계속해서 솟아나온다. 그가 흙이나 오물을 그 샘에 던져 넣어도, 그 샘은 그런 일이 일어나지 않은 듯이 즉시 그것들을 분해해서 씻어내고 그것들로 인해 오염

되지 않는다. 그러면 어떻게 해야 너는 단지 물통이 아니라 영원히 솟아나는 샘을 가질 수 있는가? 언제나 자유에 대한 열망과 친절함을 유지하고 소박하고 단정하게 네 자신을 지킴으로써 가능한 일이다.

52. 우주의 질서가 있다는 것을 알지 못하는 자는 그가 어디에 있는지를 알지 못한다. 우주의 본성의 목적이 무엇인지 알지 못하는 자는 그가 누구인지, 또는 우주가 무엇인지를 알지 못한다. 이것에 대해 어느 한 가지도 알지 못하는 자는 그의 존재의 목적에 대해 말할 수가 없다. 그런데도 그들이 어디에 있는지, 그들이 누구인지 대해 전혀 생각조차 하지 못하는 자들을 두려워하거나 그들의 박수갈채를 받기를 원하는 자들을 너는 어떻게 생각하는가?

53. 너는 한 시간에 세 번씩이나 그 자신을 저주하는 자에게서 칭찬 받기를 원하는가? 너는 자기 자신도 만족할 수 없는 자를 기쁘게 해주기를 바라는가? 그가 하는 모든 일마다 거의 다 후회하는 자가 그 자신을 좋아할 수 있겠는가?

54. 다만 둘러싸고 있는 대기로부터 너의 호흡을 취하지만 말고, 만물을 포용하고 있는 이성으로부터 너의 사고를 취하도록 하라. 대기에 못지않게 이성의 힘도 모든 곳에 퍼지고 친투한다. 살아 숨을 쉬는 사람들을 위해서 대기가 있는 것처럼 이성도 원하는 모든 자들

을 위해서 있다.

55. 전반적으로 악은 우주에 전혀 해가 되지 않는다. 개별적인 악도 다른 사람에게 해를 입히지 않는다. 오직 악을 행하는 자에게만 해로울 뿐이다. 그러나 그가 결정을 내리는 순간 바로 그 악에서 벗어날 수 있는 선택권이 있다.

56. 내 이웃의 의지는 그의 호흡이나 육신과 마찬가지로 나의 결정적 의지와는 무관하다. 물론 우리는 무엇보다도 서로의 유익을 위해 태어났지만, 그럼에도 우리 각자를 지배하는 이성은 자기만의 주권을 지닌다. 만일 그렇지 않다면 내 이웃의 악은 내 자신에게 해가 될 것이다. 그리고 나의 불행이 다른 사람에게 맡겨지는 것은 신이 의도한 바가 아니다.

57. 해는 내리쬐는 것처럼 보이고, 실제로 사방으로 내리쬐기는 하지만, 그 빛줄기가 없어져 버리는 것은 아니다. 그 빛줄기는 이어진 선들의 확장이다. 확장된 선들을 방출放出하기 때문에, 그러한 이유로 인해 빛줄기를 햇살이라고 부른다. 햇빛이 좁은 통로를 통해 어두운 방으로 들어오는 것을 관찰한다면 햇살이 무엇인지를 볼 수 있다. 말하자면 햇살은 직선적으로 확장되며, 공기가 지나가는 것을 가로막는 고체 덩어리를 만나면 영향을 받아 굴절된다. 이때 햇살은 거기에서 정지되나, 미끄러지거나 추락한 것이 아니다.

우주적인 정신의 흐름과 방출도 이와 같이 고갈되어 없어지는 것이 아니라 끊임없이 확장해나갈 것이다. 장애물을 만나게 될 경우에는 그것의 영향으로 강압적이고 격렬해지지 않으며 추락하지도 않고, 도리어 그곳에 정지하여 그것을 받아들이는 것에 빛을 발하여야 한다. 하지만 이러한 것을 분별하지 못하는 그 어떤 것에도 그 빛은 허용되지 않을 것이다.

58. 죽음을 두려워하는 자가 두려워하는 것은 의식을 잃어버리거나 의식이 다른 것으로 바뀌는 것이다. 지금 네가 더 이상 의식하지 못한다면 너는 어떤 불행한 일도 의식하지 못하게 될 것이고, 다른 의식을 가지게 된다면 너는 다른 존재가 되어 너의 삶이 끝나지 않게 될 것이다.

59. 인간은 서로의 유익을 위해 태어났다. 그러므로 가르치거나, 아니면 관용을 베풀라.

60. 화살은 한 방향으로 날아가지만 정신은 다르다. 정신은 경계하거나 탐구하며 빙빙 도는 것처럼 보이기도 하지만, 사실은 자신의 목표를 향해서 곧장 나아간다.

61. 각자의 지배적 이성에 관여하고, 다른 사람들이 내 자신의 지배적 이성에 관여하도록 하라.

1. 불의를 행하는 것은 죄를 짓는 것이다. 우주의 본성은 이성적인 존재를 서로의 유익을 위해서 만들고, 서로 혜택을 주어 누리게 했지만, 해를 입히도록 하지는 않았다. 그러한 본성의 뜻을 어기는 자는 가장 지고한 신에게 명백하게 죄를 범하는 것이다. 우주적인 본성은 현존하는 모든 것과 관련된 근본적인 실재이기 때문이다.

거짓말을 하는 자도 역시 그 동일한 신에게 죄를 범하는 것이다. 그 본성의 이름은 진리라고 불리며, 모든 참된 것의 근본적인 원인이다. 고의적으로 거짓말을 하는 자는 그의 기만으로 불의한 것을 저지르는 죄를 짓는 것이고, 본의 아니게 거짓말을 하는 자도 우주의 본성과 불화를 일으키며, 질서정연한 우주의 본성에 대항하므로 질서를 교란시키는 죄를 범하는 것이다. 그 자신을 진리와 반대되는 길로 이끄는 자는 우주의 본성에 대항하는 것이다. 그런 자는 우주의 본성으로부터 그에 대한 능력을 부여받았지만, 그것을 무시함으로써 그는 지금 참과 거짓을 분별하지 못하고 있는 것이다.

더욱이 쾌락을 선으로 여겨 추구하고, 고통을 악으로 여겨 피하는 것도 죄가 되는 것이다. 어떤 자들은 그런 식으로 우주의 본성이 선한 자들과 악한 자들에 대해 불공정한 분배가 이루진 것이 당연한 듯이 자주 비난하는데, 악한 자들이 쾌락에 푹 빠져서 쾌락을 즐길 수 있는 온갖 것을 소유하고 있는 반면에, 선한 자들은 고통을 자주 경험하고 고통을 겪을 수밖에 없는 상황에 처해진 것 때문이다.

나아가 고통을 두려워하는 자는 때로는 우주에서 일어나는 어떤 미래적인 사건에 대한 두려움을 갖게 되는데, 그것도 일종의 죄가 된다. 쾌락을 추구하는 자가 정의롭지 못한 일들을 자제하지 않는 것도 명백한 죄가 된다. 본성을 따르고 그 정신을 공유하기 원하는 자는 우주의 본성이 대립되어 쌍을 이루는 것들에 대해 차별을 두지 않는다면 그들도 차별을 두지 않아야 한다. 그리고 만일 우주의 본성이 차별을 두었다면, 이 대립되는 것을 만들지 않았을 것이다. 그러므로 고통과 쾌락, 죽음과 삶, 명예와 불명예에 대해, 곧 우주의 본성이 차별을 두지 않는 모든 것을 그 자신이 차별하는 자는 분명하게 죄를 저지르는 것이다. '우주의 본성이 차별을 두지 않는다는 것'에 대한 의미는 이런 것이다. 즉 원인과 결과에 의해 생겨날 모든 것과 섭리의 본래적인 충동을 이행하기 위해 기인된 것이 공평하게 일어난 것을 말한다. 충동적인 섭리에 의해서 첫 번째 전제에서 시작해서 현재에 이르기까지 우주의 질서를 세운다. 우주의 본성은 존재하게 될 것에 대한 원리를 분명하게 품고 조성될 물체의 생성 능력과 변화와 연속적인 갱생에 대한 결정을 한다.

2. 지성과 감성을 겸비한 자는 거짓이나 위선이나 사치나 오만을 맛보지 않고 인간들의 세상을 떠나갈 것이다. 그 차선책은 적어도 마지막 숨을 거두기 전에 이런 것들을 역겨워하는 것이다. 이것도 저것도 아니라면, 너는 악과 함께 어울리기를 선호하는가? 너의 경험으로도 이러한 재앙에서 피해야 한다고 여전히 너를 설득하지 못한 것이냐? 정신의 타락은 우리가 숨 쉬는 대기의 그 어떤 오염된 변질보다도 훨씬 더 심각한 재앙이다. 후자는 동물적인 본성을 가진 동물적 존재를 오염시키지만, 전자는 인간적인 본성을 가진 인간을 오염시키는 것이 된다.

3. 죽음을 멸시하지 말고 자연의 뜻으로 기꺼이 받아들여라. 죽는다는 것은 인생의 계절들이 가져다주는 다른 모든 자연적인 과정인 젊고 늙고, 성장하고 성숙하며, 치아와 수염과 흰머리가 나고, 생식과 잉태와 출산을 하는 것과 같다. 그러므로 죽음의 자세를 배우는 데 있어 깊이가 없이 피상적이거나 죽고 싶어 안달하거나 무시하지 말고, 자연의 작용 중 하나로서 단순하게 기다리는 것이다. 지금 네 아내의 태에서 아이가 태어나는 순간을 기다리는 것처럼, 너는 너의 혼이 육신의 장막에서 빠져나가는 때를 즐거운 마

음으로 기다려라.

네가 죽음에 대해 또 다른 처방을 원한다면—과학적인 처방은 아니지만 감정적으로 효과가 있는 것으로써—네가 떠나보내야 할 일들과 너의 혼을 괴롭혔던 자들에 대한 생각을 멈출 수 있다면 상당히 쉽게 죽음을 맞이할 수 있을 것이다. 너는 물론 그들에 대해 기분 상해 하지도 않고 오히려 그들을 보살피고 자애롭게 관용을 베풀어 주는 것이 당연하지만, 그러나 여전히 네가 떠나는 것은 너의 생각과 동일한 사람들의 곁을 떠나는 것이 아니라는 것을 명심하라. 만일 이런 일이 가능하다면, 곧 너의 삶의 원리들을 공유할 수 있는 자들과 함께 사는 것이 허용된다면, 그것만이 너를 죽음에서 물러서게 하고 살기를 소망하게 할 것이다. 하지만 네가 보다시피 얼마나 그들과 불화하며 사는 것이 지치고 고달픈 일인지를, 그러므로 너는 말하라. '죽음이여, 어서 오라, 내 자신마저 잊어버릴 것 같구나.'

4. 죄를 짓는 자는 그 자신에게 죄를 짓는 것이고, 불의를 저지르는 자는 그 자신에게 악을 행하여 불의를 저지르는 것이다.

5. 어떤 일을 저지르는 것뿐 아니라, 저지르지 않아서 종종 불의를 행할 수도 있다.

6. 현재 하고 있는 판단이 확실하고, 현재 하고 있는 사회적 행동이 올바르며, 현재 마음의 상태가 외적인 원인들로 발생한 일들에 대

해 만족한다면, 그것으로 충분하다.

7. 상상을 지우고, 충동을 억제하며, 욕망을 꺼뜨리고, 지배적인 이성이 너를 제어하도록 하라.

8. 이성적이지 않은 존재는 하나의 동물적인 혼을 공유하고 있고, 이성적 존재는 하나의 지적인 혼을 공유하고 있다. 이것은 대지의 모든 것에 하나의 대지가 있고, 시력과 생명을 가진 우리 모두가 하나의 빛으로 보고 하나의 대기로 숨 쉬는 것과 같다.

9. 어떤 공통적인 특성을 공유하고 있는 모든 것은 자기와 같은 유형에 이끌린다. 흙에 속한 모든 것은 흙에 이끌린다. 물에 속한 모든 것은 다함께 흐르며, 공기에 속한 것도 그와 같다. 그래서 그런 것들을 억지로 분리시키려면 물리적인 장애물이 필요하다. 불은 불의 성분으로 인해 위로 올라가지만, 지상에 있는 불에 속한 것이라면 어떤 것도 서로 엉기어 발화되며, 어느 정도 마른 소재들은 더 쉽게 점화되는데, 그것은 연소를 방해할 구성 요소가 부족하기 때문이다. 공통된 지적 본성을 공유한 모든 존재 역시 그와 동일한 성향을 보이며, 또는 그 이상으로 그 자신과 같은 유형에 이끌린다. 그들은 다른 것들보다 우월한 것에 비례해서 자신의 동류와는 더 쉽게 혼합되고 결속되려는 경향이 있다.

벌 떼나 가축 떼나 새 떼 같은 이성을 지니지 않은 동물들도 동류

끼리 사랑하고 새끼를 양육한다. 여기에서는 이미 동물적인 혼이 작용하고 있으며, 식물이나 돌이나 나무에서는 찾아볼 수 없는 훨씬 강한 집단적인 유대관계와 더 높은 수준의 질서가 있다. 그리고 이성을 지닌 존재들 사이에서는 시민 공동체, 우정, 가정, 집회가 있고, 전쟁 시時에는 조약을 맺고 휴전도 한다. 별들과 같이 더 우월한 존재들은 거리상으로 멀리 떨어져 있어도 일종의 유대가 존재한다. 이렇게 존재의 등급이 더 상류에 속할수록 서로 멀리 떨어져 있어도 동류의식으로 서로 간에 영향을 끼칠 수가 있다.

그러면 지금 무슨 일이 일어나고 있는지 보라. 오직 이성을 지닌 존재가 서로에 대한 유대로 연합하는 것에 대한 욕구를 망각하고, 유독 여기에서만 합일되는 것을 볼 수 없다는 것이다. 하지만 그들이 아무리 도망치려고 해도, 그들은 추격당할 수밖에 없다. 본성의 힘을 어찌할 수 없기 때문이다. 주의 깊게 살펴보면 너는 내 말이 의미하는 바를 알게 될 것이다. 인간과 단절된 인간을 찾는 것보다는 흙의 성분과 관련이 없는 흙을 찾는 것이 더 나을 것이다.

10. 인간, 신, 우주는 모두 열매를 맺으며, 각기 계절에 맞게 열매를 맺는다. 일반적으로 '열매를 맺는다'는 말을 포도나무와 그와 같은 유실수에게만 엄밀한 의미로 국한시키는 것은 별 의미가 없다. 이성도 역시 보편적이고 특별한 자신의 열매를 맺는다. 다른 사물들은 그 자신의 본성의 공유된 것으로 인해 성장한다.

11. 할 수 있다면, 그들을 더 나은 길로 인도하라. 할 수 없거든, 너에게 관용이라는 선물이 주어진 이유에 대해 생각하라. 신들도 그런 자들에게 관용과 자비를 베풀어 어떤 목표, 곧 건강과 부와 명성을 달성하도록 돕는다. 너도 역시 그렇게 할 수 있다. 그렇게 할 수 없다면, 누가 너를 막고 있는지 내게 말하라.

12. 일하라. 비참하고 단조롭게 일하지도 말고, 동정을 사거나 감탄을 얻어내기 위해서 일하지도 말라. 오직 단 한 가지의 목적, 사회적인 원인에 의해 요구되는 것을 행하거나 행하지 말거나 하라.

13. 오늘 나는 나를 둘러싼 모든 상황에서 벗어났다. 아니 차라리 그것들을 던져버렸다. 그것들은 외부적으로 일어난 것이 아니라, 내부적인, 즉 내 자신의 판단에서 기인한 것들이다.

14. 이 모든 것은 경험적으로 이미 친숙한 것들이고, 시간적으로 일시적인 것들이며, 실재적으로 무가치한 것들이다. 지금 존재하는 모든 것은 우리가 매장한 사람들이 살던 시절에도 있었던 것이다.

15. 단순한 사물들은 우리의 문밖에 고립된 채 서있고, 그 자신에 대한 지식이 있거나 보고를 하지도 못한다. 그러면 무엇이 그 사물에 대해서 보고를 하는가? 우리의 지배적 이성이다.

16. 이성적이고 사회적인 존재의 선과 악은 감정에 좌우되지 않고 행동에 의해 좌우된다. 이것은 마치 그의 미덕과 악덕이 그의 감정을 보여주는 것이 아니라 그가 행하는 것을 보여주는 것과 같다.

17. 공중에 던져진 돌이 아래로 떨어진다고 해서 악이 될 수 없고, 위로 올라간다고 선이 될 수 없다.

18. 그들의 지배적 이성 속으로 뚫고 들어가라. 너를 두렵게 하는 비판을 하는 자들이 어떤 부류에 속한 자들인지, 그들 자신에 대한 비판이 얼마나 형편없는 것인지에 대해 알게 될 것이다.

19. 만물은 변하는 과정에 놓여 있다. 네 자신도 계속해서 변화하고 있고 점진적으로 부패해가고 있다. 우주 전체도 그와 같다.

20. 다른 사람의 잘못은 있는 그대로 내버려두라.

21. 활동이 종료되고 충동과 판단을 마치고 정지되는 것은 일종의 죽음이지만, 그것으로 해를 입지는 않는다. 지금 너의 생애 중에서 여러 시기들, 즉 소년기와 청년기와 장년기와 노년기를 회상해보라. 거기에서도 모든 변화는 죽음이다. 하지만 거기에 두려운 어떤 것이 있는가? 이제는 조부와 함께 지냈던 시절, 그런 다음에 어머니와 함께 지냈던 시절, 그런 다음에 양아버지와 함께 지냈던 시절을 회상해

보라. 너는 거기에서 소멸과 변화와 또는 종료된 것의 많은 다른 사례를 발견한 후에 네 자신에게 물어보라. '거기에 어떤 두려운 것이 있었는가?' 마찬가지로 너의 전 생애에 있어 종료와 정지와 변화로 인해 네가 두려워할 것은 아무것도 없다.

22. 네 자신의 지배적 정신과 우주의 지배적 정신과 네 이웃의 지배적 정신으로 서둘러 나아가라. 너의 정신에게로 나아가는 것은 그 정신을 올바르게 이해하기 위한 것이고, 우주의 정신에게로 나아가는 것은 네가 무엇의 일부에 해당하는지 상기하기 위한 것이며, 네 이웃의 정신에게로 나아가는 것은 그들이 무지한지와, 동시에 그들이 나타내고자 하는 의도가 동일한 정신에서 비롯된 것인가를 살피기 위한 것이다.

23. 네 자신이 사회적 제도의 상호보완적인 부문인 것처럼, 네 모든 행동도 사회적인 삶의 원리를 보완하는 것이어야 한다. 너의 어떤 행동이 이러한 사회적인 목표와 직간접적인 관련성이 없는 것이라면, 그로 인해 너의 삶은 떨어져 분리되고 사회적 연합을 파괴시키는 결과를 가져온다. 이것은 일종의 반란으로, 마치 공동의 화합에서 편파적으로 물러난 것으로 민주적인 것에서 개별적이 되는 것과 같다.

24. 어린아이들의 다툼과 장난은 '시신을 짊어지고 다니는 작은 혼

들'이 하는 것으로—오디세우스의 지하세계는 한층 더 사실적으로 다가온다.

25. 어떤 사물에서 원인을 파악해내고, 질료의 요소들을 따로 구분해서 검토하라. 그런 후에는 개개의 사물이 그 본성에 의해 얻어진 존속 기간을 최장의 시간으로 설정하라.

26. 네가 수많은 괴로움을 당하는 것은 너의 지배적 이성이 마땅히 해야 할 일을 하는 데서 벗어나도록 했기 때문이다. 그만하면 충분하다.

27. 어떤 사람들이 너를 욕하거나 미워하거나 너에 대한 비난 섞인 말을 하거든, 그들의 혼으로 다가가서 그 내면을 꿰뚫고 들어가서 그들이 어떤 부류의 사람들인지를 알아보라. 그들이 너에 대해 어떤 유별난 의견을 지니고 있든지, 그런 것으로 인해 네가 걱정에 시달릴 필요가 없다는 것을 깨닫게 될 것이다. 하지만 그럼에도 너는 그들을 친절하게 대해야 한다. 그들은 본성적으로 너의 친구들이며, 신들도 꿈이나 신탁 등, 여러 가지 방법으로 그들을 돕는다. 어느 정도 그들이 관심을 갖고 있는 것을 이루도록 한다.

28. 우주의 순환 주기는 늘 동일해서, 오르고 내려가며 영원에서 영원으로 나아간다. 우주의 이성은 각각의 개별적인 특정한 충동을 가지거나—만약 그렇다면 너는 그 결과를 기꺼이 받아들여야 하지

만—그렇지 않다면 단 하나의 근본적인 충동이 있게 되는데, 그로 인해 다른 모든 것은 그 결과에 순응한다. 그렇다면 왜 너는 그 결과에 대해 불안해야 하는가? 우주에 신이 있거나—그러면 모든 것이 잘 될 것이지만—그렇지 않고 목적이 없는 것, 곧 원자와 분자가 임의로 배열된 것이라면 너는 네 자신을 목적 없는 것에 내맡겨서는 안 된다. 우리 모두는 순식간에 흙으로 덮이게 될 것이다. 그런 다음에는 흙도 역시 변화할 것이며, 그다음에는 연이은 변화가 무한대로 이어질 것이다. 이러한 변화의 물결, 변신, 그것들이 신속히 흘러간다는 이 한 가지를 상기한다면, 모든 필멸必滅의 존재에 대해 집착하지 않고 무시할 수 있게 될 것이다.

29. 우주의 원인은 그 흐름 속에 모든 것을 포괄하여 이끌어가는 급류다. 그래서 인간이여, 그건 너에게 무슨 의미가 있는가? 지금 이 순간에 본성이 요구하는 바를 행하라. 너의 능력 안에서 즉시 시작하라. 다른 사람을 의식해서 어깨너머로 시선을 돌리지 말라. 플라톤의 이상적인 국가를 바라지 말고, 네가 앞으로 이루고자 하는 극히 작은 일에 만족하며, 그 일의 결과에 대해서도 대단한 성과를 이룬 것으로 여겨라. 세간의 주목을 받으며 철학자로서 어떤 일을 하고 있다고 생각하는 자들은 얼마나 보잘것없는 자들인가! 그들은 코흘리개일 뿐이다. 누가 그들의 생각을 바꿀 수 있을까? 생각을 바꾸지 않는다면, 신음하며 복종의 태세만을 취하는 노예로 전락하는 수밖에 없

지 않겠는가? 그럼 이제 알렉산드로스[122]와 필리포스[123]와 팔레론의 데메트리우스[124]에 관해 내게 말해보라. 그들이 우주의 본성의 뜻을 알고 그 본성의 가르침을 추종한 것이라면, 나는 그들을 따라갈 것이다. 하지만 그들이 단지 극적인 역할을 드러내보인 것이라면, 내가 그들을 모방한다고 해서 나를 비난할 사람은 아무도 없다. 철학의 일은 단순하고 겸손하다. 나를 거만한 자부심을 갖도록 유혹하지 말라.

30. 수많은 가축과 짐승의 무리들, 무수히 많은 인간의 의식, 잔잔하거나 폭풍이 일 때에도 마다하지 않는 온갖 종류의 항해, 출생과 만남과 사멸하는 자의 만상을 높은 곳에서 관망하라. 또한 네가 있기 오래전에 다른 사람들이 살다간 삶과 네 이후에 살아가게 될 사람들의 삶과 지금 야만족들이 살고 있는 삶을 생각해보라. 얼마나 많은 사람이 네 이름을 들은 적도 없으며, 얼마나 많은 사람이 순식간에 네 이름을 잊게 될 것이며, 얼마나 많은 사람이 지금은 너를 칭찬하다가도 신속히 돌아서서 너를 비난하게 될 것인지에 대해서도 생각하라. 따라서 너에 대한 기억도 명성도 그 밖의 다른 모든 것도 고려해볼 만한 어떤 가치조차 없다는 것을 생각하라.

---

122) 알렉산드로스 대왕은 필리포스 2세와 올림피아스 사이에서 태어난 마케도니아의 왕으로 헬레니즘 문화의 형성에 지대한 역할을 했다.

123) 필리포스Philippos(기원전 382~336년)는 마케도니아의 왕으로, 알렉산드로스 대왕의 아버지이자 고대 마케도니아의 최대 전성기의 초석을 다진 인물로 알려져 있다.

124) 데메트리우스Demetrius(기원전 336~283년)는 유명한 장군이었으며, 후에 마케도니아의 왕(재위 기원전 294~287년)이 되었다.

31. 네 능력 밖에 있는 원인으로 인해 일어나는 일들은 침착하게 받아들이고, 네 자신으로부터 야기된 모든 일은 정의롭게 처리하라. 다시 말하면, 너의 충동과 행동은 네 자신의 본성을 표출하는 사회적 행위를 수행해야 한다.

32. 너는 전적으로 네 자신의 판단에서 기인한 불필요한 많은 괴로움에서 벗어날 수 있다. 그리고 즉시 너의 생각 속에 온 우주를 부여잡고 영원한 시간에 대해 생각하며, 모든 부문에서 각각의 사물이 신속하게 변한다는 사실을 기억하라. 출생과 소멸의 간격은 얼마나 짧으며, 너의 출생 이전의 시간과의 격차가 얼마나 방대하며, 네가 소멸된 이후에도 시간은 동일하게 무한함을 상기한다면, 네 자신을 위한 너그러움과 여유를 가질 수 있는 공간을 마련하게 될 것이다.

33. 네가 보는 모든 것이 순식간에 소멸할 것이고, 그것들이 소멸하는 것을 보는 자들도 순식간에 소멸할 것이다. 최장의 수명을 누린 사람이나 요절한 사람이나 피차일반이 될 것이다.

34. 그 사람들의 지배적 정신은 무엇인가? 그들이 결심하고자 하는 것은 무엇이며, 그들은 무엇으로 사랑하고 가치 있는 것을 결정하는가? 그들의 혼을 적나라하게 볼 수 있도록 네 자신을 훈련하라. 그들이 그들의 비난으로 상처를 입히고 그들의 칭찬으로 유익을 준다고 생각한다면, 이 얼마나 허황된 자만심인가!

35. 상실은 변화에 지나지 않는다. 우주의 본성은 변화를 즐기며, 본성으로부터 흘러나오는 모든 것은 선하게 작용한다. 이와 같은 일은 영원으로부터 일어났고, 그보다 더한 영원까지 이어질 것이다. 그런데도 왜 너는 항상 모든 일이 악화일로惡化一路에 있으며 앞으로도 항상 그럴 것이며, 그들 가운데 있는 모든 신에게서도 확실하게 이것을 바로잡을 만한 능력은 찾아볼 수 없으며, 그래서 우주는 연속되는 악의 사슬에 붙들려서 저주를 받은 것이라고 말하고 있는 것인가?

36. 만물을 이루고 있는 기본 질료의 부패로 물과 먼지와 뼈와 악취가 생겨난다. 또한 대리석은 단지 흙이 응고된 것이고, 금과 은은 침전물이며, 옷은 짐승의 털이며, 자주색 염료는 조개의 피며, 그 밖의 다른 모든 것도 그런 식으로 생각할 수 있다. 우리의 생명력도 그와 같아서 이것에서 저것으로 변화한다.

37. 비참한 삶을 사는 것도 그만하면 충분하고, 불평하며 흉내만 내는 삶도 그만하면 되지 않았나! 왜 너는 불안해하는가? 그러한 삶에 무슨 새로운 것이라도 있는가? 도대체 무엇이 너를 미치도록 몰아가는가? 그 원인이 무엇인가? 그렇다면 그 원인을 따져보라. 아니면 질료 때문인가? 그렇다면 질료를 따져보라. 원인과 질료를 벗어나서 어떤 것도 존재하지 않는다. 늦었다고 생각되는 지금이라도 너는 신들과 너의 관계를 알아야 하고 너 단순하고 선해져야 한다. 이 물음에 대한 해답은 3년을 걸쳐 찾든 100년을 걸쳐 찾든 마찬가지

결론에 이른다.

38. 어떤 사람이 잘못된 일을 범했다면, 해는 자기 자신이 입게 된다. 그러나 어쩌면 그 사람은 잘못을 범한 것이 아닐 수도 있다.

39. 만물은 하나의 지성적인 근원으로부터 흘러나와 하나의 조직화된 몸체와 같은 것에서 발생되거나—그렇다면 부분은 전체를 위해 발생된 것에 불평해서는 안 된다—아니면 오직 원자들만 있을 뿐이라면, 현재와 미래가 원자들의 이합집산離合集散에 불과하다. 그렇다면 너는 왜 불안해 하느냐? 너의 지배적인 이성에게 말하라. '지금너는 죽었고, 썩었으며, 짐승으로 변해버렸고, 위선자이며, 짐승들과 무리지어 어울리며 그들의 먹이를 먹고 있는 것이 아니냐?'

40. 신들에게는 능력이 있거나 아니면 능력이 없거나 그중 하나다. 그들에게 능력이 없다면, 왜 너는 기도하는 것이냐? 그들에게 능력이 있다면, 너는 네게 이런저런 일들이 일어나거나 일어나지 않게 해달라고 기도하지 말고, 모든 세상일에 대한 두려움과 욕망과 불만으로부터 자유로워질 수 있기를 왜 기도하지 않는 것이냐? 신들이 인간을 도울 수 있다면, 그런 것들도 반드시 도울 수 있을 것이다.
그러나 너는 이렇게 말할 수도 있다. '신들도 그런 것들은 내 자신의 능력에 맡기지 않았나요.' 그렇다면 네게 통제할 수 없는 것을 위해 비굴하고 무기력함을 보이기보다는 네 능력을 자유롭게 사용하는 것이 낫지 않겠는가? 그리고 누가 너에게 우리의 능력 안에 있는 목적을 달성하고자 할 때마저 신들이 우리를 돕지 않을 것이라고 말했는가? 어찌되었든 그 문제를 놓고 신들에게 기도해보라. 그러면 너는 알게 될 것이다. 어떤 사람이 '어떻게 하면 저 여자와 잘 수 있습니까?'라고 기도한다면, 너는 '어떻게 하면 저 여자와 자고 싶다는 욕망을 버릴 수 있습니까?'라고 기도하라. 또 다른 누가 '어떻게 해야 내가 저 사람에게서 벗어날 수 있습니까?'라고 기도하면, 너는 '어떻게 해야 내가 저 사람에게서 벗어나는 것을 바라지 않을 수 있습니까?'라고 기도하라. 또 다른 이가 '어떻게 내 아이를 구할 수 있습니까?'라고 기도하면, 너는 '어떻게 해야 자식을 잃는다는 두려움에서 벗어날 수 있습니까?'라고 기도하라. 너의 모든 기도를 그렇게 바꾸고, 무슨 일이 일어나는지 눈여겨보라.

41. 에피쿠로스는 말한다. '나는 병상에 있을 때에도 내 보잘것없는 육신의 고통에 대해 대화하지 않았고, 문병 온 사람들에게도 그 고통에 대한 말을 나누지 않았으며, 오히려 자연철학의 중요한 원리들에 대한 논의를 이어나갔고, 특히 어떻게 해야 정신이 그러한 육신의 고통을 나누어 가지면서도 침착함을 유지하고 자신의 선을 추구하는지에 대해 말했다.' 그는 계속해서 '나는 의사들이 마치 대단한 성과를 거둔 것처럼 득의만만하지 않도록 했으며, 그때에도 나의 삶은 평정을 유지했고 적절하게 대처했다.'고 말한다. 너도 병이 들거나 어려운 상황에 처하게 된다면, 그를 본보기로 삼으라. 어떠한 상

황에 처하더라도 철학을 포기하지도 않고, 철학적 원리를 알지 못하는 무지한 자들이 함부로 내뱉은 말들에 동조하지 않는 것이 모든 철학 학파의 원칙이다. 오직 지금 이 순간 네가 해야 할 일에 집중하고 그 일을 도모하기 위한 대책을 강구하라.

42. 수치를 모르는 어떤 사람에 대해 화가 날 때마다, 너는 즉시 '이 세상에 수치심을 모르는 사람들이 존재하지 않는 것이 과연 가능한 일인가?' 하고 자문해보라. 그것은 불가능한 일이다. 그렇다면 불가능한 일을 요구하지 말라. 바로 이 사람도 이 세상에 필연적으로 존재할 수밖에 없는 수치심이 결여된 사람 중 한 사람인 것이다. 범죄자나 배신자나 다른 그 어떤 부류의 악을 행하는 자에 대해서도 동일한 생각을 갖도록 하라. 그런 부류의 사람들이 이 세상에 필연적으로 존재해야 한다는 사실을 인식한다면 그 즉시 너는 그들을 더욱 친절하게 대할 수 있을 것이다. 우리의 삶에서 직접적으로 적용할 수 있는 또 다른 유용한 생각은 본성의 특정한 미덕이 특정한 잘못에 대응하기 위해 우리에게 주어진 것이라고 보는 것이다. 온유함은 잔인함을 해소하는 수단으로 주어졌고, 다른 성품들도 다른 악덕을 대응하기 위해 주어졌다. 어찌되었건 너는 언제든지 길을 잃고 방황하는 자에게 바른 길을 가르칠 수 있다. 잘못을 저지르는 사람은 자신의 적절한 목표를 잃고 정도에서 벗어나 헤매고 있는 자들이다. 그렇지만 너는 무슨 해를 입은 것이냐? 너의 화를 불러일으킨 사람들이 너의 정신을 악한 방향으로 이끌 만한 어떤 일도 하지 못한다는 것을

너는 알게 될 것이다. 네가 피해나 손상을 입는 것은 오직 네 정신이 너에게 입힐 수 있는 것이지, 다른 어떤 존재가 그리할 수 없다.

그럼에도 무지한 자들이 무지하게 처신하는 것이 해가 되고 놀랄 만한 일인가? 그러한 자들이 그런 과실을 범할 것이라고 예상하지 못한 것에 대해 오히려 네 자신을 탓해야 되지 않겠는가? 너의 이성이 너에게 그러한 사람들이 그런 식으로 범하는 과실을 예상할 수 있는 능력을 주었음에도, 너는 그것을 잊은 채 지금 그들의 실책에 대해 놀라고 있는 것이다. 특히 너는 신의가 없거나 배은망덕함에 대해 누군가에게 불평을 늘어놓을 때 네 자신을 먼저 돌아보라. 네가 그런 성품의 사람이 신의를 지킬 것이라고 믿었다거나, 아니면 네가 아무런 목적 없이 그 자체로 호의를 베푼 것이거나 그에 대한 최대한 보상을 바란 것이라면, 분명히 잘못은 네 자신에게 있다.

네가 어떤 사람에게 선한 일을 행하였다면 무엇을 더 바라는가? 너의 본성과 일치된 어떤 일을 행한 것만으로는 충분하지 않고, 너는 지금 어떤 대가를 요구하고 있는가? 그것은 마치 눈이 보게 해준 것에 대한 대가를 요구하고, 발이 걷게 해준 것에 대한 대가를 요구하는 것과 같다. 그러한 눈이나 발은 특정한 목적을 위해 만들어졌고, 그들 자신의 체질에 따라 행동함으로써 그들에게 주어진 적절한 본성을 성취하듯이, 그와 같이 인간들은 선한 일을 하도록 지음을 받았다. 인간이 어떤 선한 일을 하거나 공동의 유익에 기여하는 다른 일을 하든지 간에 그에게 계획된 일을 수행하는 것이고, 그로 인해 이미 그 자신의 대가를 받은 것이다.

제 **10** 권

1. 오 나의 혼이여, 선하고 단순하며 적나라하게, 너를 감싸고 있는 육신보다 더 밝게 너를 드러내 보이려고 하는가? 너는 사랑과 헌신의 기질을 맛보려고 하고 있는 것인가? 너는 완전하여 자족하며, 아무것도 구하지 않으며, 쾌락을 누리기 위해 생명이 있는 것이든 없는 것이든 바라보지 않게 되려는가? 또는 쾌락을 더 누릴 수 있는 시간이나 편의시설이나 공간이나 기후나 좋은 일터도 바라지 않겠는가? 아니면 오히려 너의 현재 상태에 만족하고 현재 주어진 너의 모든 것으로 기뻐하지 않겠는가? 네게 일어난 모든 것이 신들로부터 온 것으로, 너를 위해 모든 것이 잘되고 잘될 것이라는 것, 신들이 적절하게 너에게 모든 것을 부여한 것, 지금이나 이후에도 선하고 정의롭고 아름다운 완전한 존재로 유지시키는 것, 일어나는 모든 일과 모

든 것을 지속시키고 포용한다는 것, 그들도 다른 세대의 사람들 같이 사라지는 모든 일을 수용한다는 것을 너 자신에게 확신시키려 들지 않겠는가? 결국에 너는 그 누구에 대한 어떤 비난도 하지 않고, 그 누구의 비난도 받지 않고, 신들과 인간들과 사회적으로 함께 누리는 그런 존재가 되려 하고 있는가?

2. 단순한 삶의 조건에 지배를 받는 자로서 너의 육신적 본성의 요구들이 무엇인지 관찰하라. 그런 다음에는 살아있는 혼으로서 너의 본성이 손상되지 않는 한에는 그 요구들을 행하고 기꺼이 받아들여라. 그다음으로는 살아 있는 혼으로서 너의 본성이 무엇을 요구하는지를 관찰해야 한다. 그런 후에는 이성적 존재로서 너의 본성이 손상되지 않는 한에는 그 모든 것을 취하여 받아들여라. 그리고 이성적 존재는 바로 사회적 존재다. 이런 원칙들을 따르고 더 이상의 혼돈을 피하라.

3. 일어나는 모든 일은 네 본성에 따라 감당할 수 있는 일이거나 또는 감당할 수 없는 일이다. 그러므로 네 본성의 능력 안에 있는 일이라면 불평하지 말고, 네가 그 일을 감당하기 위해 태어난 것처럼 하라. 그러나 너의 능력 밖의 일이라도 불평하지 말라. 그 일은 네가 불평할 기회를 얻기도 전에 사라질 것이다. 그렇지만 너는 본성적으로 네 사신의 판단으로 감당할 수 있다고 여기거나, 또는 네 자신에게 유익하고 의무로서 수용해야 할 일이라고 여기는 모든 일을 감당

하기 위해 태어났다는 것을 기억하라.

4. 누군가가 잘못된 일을 하거든, 친절하게 가르치고 그가 잘못한 것이 무엇인지 보여주라. 그렇게 할 수 없을 때에는 네 자신을 탓하라―그게 아니라면 네 자신조차 탓하지 못하게 된다.

5. 네게 일어나는 모든 일은 영원 전부터 너를 위해 마련된 일이고, 원인들이 짜인 그물에는 태초부터 너 자신의 실존과 네게 일어날 특정한 일들이 이미 다 엮여 있었다.

6. 우주가 원자로 이루어진 것이든, 아니면 우주의 본성의 질서로 이루어진 것이든, 첫 번째 전제는 나는 본성으로 다스리는 우주의 일부라는 것이다. 둘째는 나는 동일한 다른 부류들과 어떤 밀접한 관계에 놓여 있다는 것이다. 이러한 전제들을 염두에 둔다면, 전체의 일부가 되는 나로서는 전체가 내게 배정해준 그 어떤 것에 대해 분하게 여기지 않을 것이다. 전체에 유익한 것이 그 부문에 해당하는 것에 해로울 수가 없으며, 전체는 그것에 유익하지 않은 그 어떤 것도 함유하고 있지 않다. 이것은 모든 유기적 본성이 갖는 공통점이다. 그러나 이는 외부적인 원인이 우주의 본성에게 그 자신에게 해로운 어떤 것을 생성하도록 강요할 수는 없는, 우주의 본성에 첨가된 특성이다.

그래서 나는 우주 전체를 구성하는 한 부분이라는 생각을 품고서 내게 일어나는 모든 것에 만족할 것이다. 그리고 나는 동일한 다른 부류들과의 어떤 밀접한 관계를 갖고 있는 한에는, 나는 반사회적인 행동을 하지 않고, 사회 구성원인 동료들의 유익을 돌아보며 공동의 유익을 위해 전념할 것이며, 그것에 반하는 모든 것으로부터 돌이킬 것이다. 이 모든 활동은 마치 어떤 이가 동료 시민들의 유익을 위한 행동을 하며, 그에게 부여된 시민의 의무를 기꺼이 받아들일 때 시민들의 삶이 형통해질 것이라고 여기듯이, 너의 삶도 형통해지는 것을 보장한다.

7. 전체의 부분들, 곧 우주에 본성적으로 첨가된 모든 것은 필연적으로 소멸한다―그리고 '소멸한다'는 것은 '변화한다'는 의미로 보아야 한다. 그러나 만약 본성이 필요에 따라 본성에 해로운 부분들을 소멸시킨다면, 전체의 부분들이 항상 변화의 기로에 놓여 있게 되며 확실하게 소멸될 것으로 여겨질 때에는 우주는 제대로 유지될 수 없다. 그렇다면 본성은 의도적으로 자신의 부분들을 해악에 노출시키거나 필연적으로 해악에 빠지도록 판정을 내려서 해를 입히는 것일까, 아니면 그 자신도 그러한 결과에 대해 전혀 개의치 않는 것일까? 어느 것도 믿기 어렵다.

그러나 누군가가 본성의 개념을 배제하고 그러한 일들을 설명하기를 '그저 그들 방식대로 있는 것이다.'라고 한다면, 전체의 부분이 자연스럽게 변화된 것이라고 주장하면서 마치 이러한 변화가 본성에 거슬러서 생기는 어떤 일처럼―특히 각각의 사물이 그들을 구성하고 있는 원소들로 해체되는 것으로—여겨 놀라거나 분하게 여기는 것은 얼마나 터무니없는 일인가? 해체는 구성하는 원소들이 분산되는 것이거나 우주의 이성 속에 포괄되기 위해 몸이 흙으로, 영*이 대기로 변화되며, 우주 전체는 주기적으로 불로 변하거나 끊임없는 변화를 거듭해서 그 자신을 다시 새롭게 한다.

그리고 이러한 몸과 영이 출생했을 때와 같은 것이라고 여기지 말라. 이 모든 것은 어제나 그 이전에 음식을 섭취하고 공기를 들이마셔 유입된 것이다. 그러므로 변화하는 것들은 유입되어 모인 것이지 네 어머니의 태에서 비롯된 것이 아니다. 추측컨대 그러한 유입은 네 개인적인 자질에 의해 밀접한 영향을 받는 것이라고 하겠지만, 그러한 추측은 현재의 논점과는 상관이 없다.

8. 네가 선하고 예의바르고 진실하여, 명석하고 협조적이며 독립적이라는 명칭으로 불릴 자격이 주어졌다면, 다른 명칭으로 바뀌지 않도록 조심하라. 그리고 이러한 칭호를 잃거든, 서둘러 그 칭호를 도로 찾으라. '명석하다'는 것은 철저하게 살피는 주의력과 왕성한 사고력을 의미하며, '협조적이다'라는 것은 우주적 본성이 이끄는 체제를 기꺼이 받아들이는 것이며, '독립적이다'라는 것은 너의 사고능력이 육신이 평안하거나 괴롭거나, 또는 보잘것없는 명성이나 죽음이나 어떤 다른 관심 밖의 일들을 뛰어 넘어선 것을 말한다. 그러므로 네가 네 자신을 그 칭호에 합당하게 지키고, 사람들의 환호나 갈채를 구걸하지 않는다면, 너는 새로운 사람이 될 것이며 새로운 삶을

맞이하게 될 것이다.

너는 지금껏 살아온 것처럼 그와 같은 사람으로 계속 살아가며, 그러한 삶에서 갈기갈기 찢기고 더럽혀지며 산다는 것은 자기를 보호하는 데 무감각한 것으로, 마치 야수들에게 절반쯤 잡아먹힌 검투사가 온통 상처를 입고 피투성이가 된 채, 여전히 똑같은 상황에서 똑같은 난폭한 일을 당할 것임에도 다음날을 살기 위해 간청하는 것과 같다.

그러므로 네 자신이 이 몇 가지의 요구되는 사항들을 실행하라. 만약 네가 그것들 안에 거할 수만 있다면, 복 받은 사람들의 섬인, 어떤 낙원으로 이주한 사람처럼 거기에 머물라. 그러나 네 자신이 거기에서 이탈되고 통제력을 상실했다고 여긴다면, 선한 마음으로 네가 다시 통제할 수 있는 곳으로 물러서든지, 아니면 화내지 말고 담담하고 자유롭고 너그럽게 완전히 이 세상에서 떠나가라. 그렇게 떠나갈 수만 있다면 적어도 너의 삶에서 한 가지는 성취해낸 것이다. 네 생각 속에 신들이 있다면 이러한 요구들을 신선한 미덕으로 지킬 수 있는 도움을 얻게 되겠지만, 신들은 굽실대는 아첨을 원하는 것이 아니라 모든 이성적인 존재가 자신이 설계한 뜻 안에서 성장하길 원한다. 그들은 무화과나무가 무화과나무에 맞는 일을 하고, 개는 개에 맞는 일, 꿀벌은 꿀벌에 맞는 일을 하기를 원하며, 인간도 인간에 맞는 일을 하기를 원한다.

9. 소극笑劇, 전쟁, 광분, 무기력, 굴복! 자연철학으로 인정할 수 없

는 이런 것들을 끌어안고 생각한다면, 날마다 너의 신성한 원리가 지워질 것이다. 네가 모든 점에서 지나치게 드러내지 않지만 은폐되지도 않는 정확한 지식의 확신을 보전하기 위해서는, 모든 인식과 행동에 있어서 정황적인 면과 이론적인 면을 모두 만족시켜야 한다.

너는 어느 때에나 소박함을 즐기려는가? 품위는 어느 때에나? 어느 때에나 각각의 개별적인 사물에 대한 지식—그것의 근본적인 본성은 무엇이며, 그것이 우주 안에 있는 위치는 어디이며, 그것의 본성이 존속하는 기간은 어느 만큼인지, 구성하고 있는 요소와, 누구에게 속해 있으며, 누가 그것을 주기도 하고 빼앗아 갈 수 있는지를 알려고 하겠는가?

10. 거미는 파리를 잡는 것을 자랑스러워하고, 사람들은 사냥감—토끼, 그물에 걸린 청어, 멧돼지들, 곰들, 사르마테스족의 포로들을 잡았을 때 자랑스러워한다. 하지만 그 발상을 살펴보면, 그들은 모두 강도들이 아닌가?

11. 만물이 서로 간에 변하는 과정을 체계적으로 연구하며, 본성의 그러한 변화의 측면을 끊임없이 주시하며 네 자신도 그 분야에 대한 훈련을 거듭해나가라. 사고력을 키워나가는 데 그보다 더 도움이 되는 것은 없다. 그래서 훈련된 자는 육신인 그 자신을 벗어나서, 얼마지나지 않아 이 모든 것을 뒤로 하고 떠나갈 것과 세상에 있는 사람들과의 이별을 깨닫고, 자신의 행동에 있어서는 전적으로 정의롭게

처신하며 그 밖의 모든 일에 있어서는 우주의 본성에 온전히 내맡긴다. 그는 다른 사람들이 그에 대해 무슨 말을 하거나 무슨 생각을 하거나 무슨 일을 하는지 염두에 두지 않고, 현재 하고 있는 그의 일들을 정의롭게 수행하고, 현재 자신에게 할당된 것을 기쁜 마음으로 받아들이는 것, 이 두 가지 조건을 충족시키는 것으로 만족할 뿐이다. 그는 다른 모든 집착이나 야망을 내 던지고, 오직 그가 소망하는 것은 법에 따라 정도正道를 걸으며, 그것을 수행하며, 신의 길을 따르는 것이다.

12. 네가 행해야 할 일을 파악하고 알고 있다면 더 이상의 무슨 조짐이나 암시가 필요한 것인가―너의 길을 알 수 있다면, 흔쾌히 따르되 그 의도가 정도를 벗어나지 않아야 된다. 그러나 너의 길을 알 수 없다면, 멈춰 서서 가장 훌륭한 조언자의 도움을 구하라. 그러나 어떤 다른 요인들이 그 조언을 방해한다면, 조심스럽고 신중하게 너의 지략으로 밀고 나가되 항상 정의로운 것만을 추구하라. 정의는 최고의 목표이며, 그 어떤 실패도 사실은 정의로운 것에 대한 실패를 의미한다. 모든 일에 있어 이성을 따르는 사람은 여유롭고 진취적이며 평정심을 지니게 된다.

13. 너는 잠에서 깨어나자마자 네 자신에게 '다른 사람들이 참으로 정의롭고 진실한 깃을 비난한디면, 그 일이 너와 무슨 상관이 있느냐?'고 물어보라. '전혀 상관이 없는 일이다.' 너는 분명하게 다른 사

람들을 함부로 칭찬하거나 비난하는 사람들은 잠자리든 식탁이든 장소를 가리지 않는다는 것과, 그들이 어떤 부류의 일을 하며 피하고 추진하는지, 그들이 어떤 일을 속이고 강탈하는지와, 그들이 손과 발로 하는 것이 아니라 그들의 가장 귀중한 부분, 그 부분으로—허용되기만 한다면—거침없이 행한다는 것을 잊어서는 안 된다. 가장 귀중한 그 부분은 인간의 신뢰와 겸손과 진실과 법과 선한 영이 길러지는 곳이다.

14. 본성은 모든 것을 주기도 하고 모든 것을 다시 가져가기도 한다. 학식 있는 자가 본성에게 겸손하게 말하기를 '당신의 뜻이라면 주시고, 당신의 뜻이라면 가져가소서.'라고 한다. 그가 반항해서 그렇게 말한 것이 아니라, 단지 본성을 충직하게 섬기는 자로서 말한 것이다.

15. 너에게 남은 시간은 짧다. 너는 산 위에 있는 것처럼 살아가라. 어디에 살든지 네가 우주의 시민으로 살아간다면, 이곳에 살든 저곳에 살든 별반 차이가 나지 않는다. 그들로 하여금 본성을 따라 사는 진실된 사람의 삶이 무엇인지 보게 하라. 만약 그들이 그러한 너를 용납할 수 없다면, 그들이 너를 죽이도록 하라—그들과 같이 사는 것보다 차라리 죽는 것이 더 낫지 않겠는가.

16. 선한 사람이 되기 위해 이러저러한 논의는 더 이상 하지 말고,

선한 사람이 되어라.

17. 시간 전체와 실재 전체에 대한 인상을 늘 네 생각 속에 간직하라. 각각의 개별적인 사물은 실재 전체의 규모에 비해 무화과 씨에 불과하고, 그 존속 기간은 시간 전체에 비해 송곳을 한 번 돌리는 시간에 불과하다.

18. 존재하는 모든 것을 살펴보고 그것들이 지금 이 순간에도 소멸하고 변화되는 과정에 있으며, 어느 의미에서는 부패와 해체를 통해서 재생되고 있다는 것, 다시 말해서 각 사물의 '죽음'의 의미는 탄생이라는 것에 대해 생각해보라.

19. 먹고 잠자고 교접하고 배설하고 그 밖의 것들을 하는 그들은 어떤 사람들인가? 그러면 사람들 위에 군림하는 권력을 쥐고 거만하고, 성급하게 화를 내며, 지나친 처벌을 하는 그들은 누구와 같은가? 얼마 전까지도 그들은 어떤 목적을 위해 자신들이 필요로 하는 것들의 노예들이었으며, 얼마 후에도 그들은 다시 노예들이 될 것이다.

20. 우주적인 본성이 각자에게 가져다주는 것은 유익한 것이다. 유익을 입는 자는 우주적인 본성이 가져오는 그 순간에 있는 자다.

21. '대지는 비를 사랑하고, 숭고한 하늘은 비를 내려주는 걸 사랑

한다.'[125] 그리고 우주 전체도 미래를 조성해나가는 것을 사랑한다. 나는 우주에게 말하기를 '나는 당신이 사랑하는 것을 사랑해요.'라고 한다. '이런 일이 일어나는 것을 사랑해.'라는 말도 여기에서 유래된 말이 아닐는지?

22. 너는 여기에 살면서 이곳에 익숙해지거나, 아니면 이곳에서 벗어나 떠나기를 결정하거나, 아니면 죽어 너의 본분을 다 이행하는 것이다. 달리 선택할 것은 없다. 그러니 즐거운 마음으로 받아들여라.

23. 어느 곳이나 '풀은 더 푸르지 않다'는 것과 산꼭대기나 해변, 또는 네가 원하는 어느 곳이든지 모든 것은 이곳과 별반 차이가 나지 않는다는 것을 항상 명심하라. '산 속에 거하면서 자작[111]으로 우리를 짓고, 양떼의 젖을 짜는 삶[126]'에 대해 플라톤이 한 말은 여기에 아주 적합한 표현이다.

24. 나의 지배적인 정신은 나에게 무엇인가? 지금 정신은 무엇으로 만들어지고 있으며, 무슨 목적을 위해 사용되고 있는가? 그 정신이 지식에 메말라 있지는 않은지? 그 정신이 사회적으로 분리되고 단절되어 있지나 않은지? 그래서 그 정신이 세파에 흔들리는 육신의

---

125) 에우리피데스의 단편 중에서 유명한 구절을 인용한 것이다.
126) 플라톤의 『테아이테토스』 중에서 인용한 것이다.

것이 침투되어 육신과 뒤엉키어 있지나 않는지?

25. 주인에게서 피해 달아나는 자는 도망자다. 법은 우리의 주인이다. 그러므로 법을 어기는 자는 도망자다. 동일한 방식으로 고통스러워하거나, 분을 내거나, 두려워하는 것은 모든 만물을 다스리는 자로부터 오는 과거와 현재와 미래의 질서를 거부하는 것을 뜻하며—그 법은 우리 각자를 위해서 그의 몫으로 제정된 것이다. 그러므로 두려움을 느끼거나 고통스럽거나 분을 내는 것은 도망자가 되는 것이다.

26. 남자는 자궁에 씨를 뿌리고 가버린다. 그 후에 다른 원인이 인계 받아 그것에 일을 하여 아기를 생산한다. 얼마나 놀라운 시작과 결과인가? 그런 다음 그 아이가 목을 통해 음식을 섭취하면, 또 다른 인과관계因果關係의 순서에 인계되어 감각과 충동을 조성하고, 온 생명과 힘, 더불어 다른 놀라운 모든 격식을 만들어낸다.

그러므로 그렇게 은밀하게 일어나는 일을 보고, 그 힘의 작용에 대해 알되, 마치 물체가 떨어지고 올라가게 하는 힘을 우리의 눈으로 볼 수 없지만 분명하게 그 힘이 작용하는 것을 아는 것처럼 하라.

27. 지금 일어나고 있는 모든 일은 이전에도 일어났다는 것을 늘 명심하라. 그리고 역시 미래에도 그와 같은 일이 다시 일어날 것이라는 것도 명심하라. 네 자신의 경험과 일찍이 역사로 배워서 알고 모든 것을 유사하게 설정한 연극들을—예를 들면, 하드리아누스의 궁

전의 모든 것, 안토니누스의 궁전의 모든 것, 필리포스, 알렉산드로스, 크로이소스[127]의 궁전의 모든 것을 상상해보라. 모든 것이 지금의 것과 같지만, 단지 연극에 출연한 배우들만 다를 뿐이다.

28. 어떤 것에 대해 고통스러워하거나 불만을 토로하는 자는 제물로 바쳐진 돼지가 발버둥 치며 비명을 질러대는 것과 같다고 여겨라. 이러한 일을 혼자 끌어안고 침상에서 속으로 분개하는 자도 그와 같은 자다. 우리를 묶고 있는 모든 운명에 대한 것과 다만 이성적인 존재에만 일어난 일들에 대해 자신의 의지로 복종할 수 있는 선택권이 주어졌다는 것을 생각하라. 순전한 복종은 모든 존재에게 필연적으로 부여된 것이다.

29. 네가 하는 각각의 개별적인 일들을 고려해보고, 죽음으로 그 일을 잃게 되는 것이 죽음을 두려워하는 어떤 요인이 되는 것인지를 네 자신에게 물어보라.

30. 어떤 사람의 잘못으로 기분이 상할 때마다, 너는 즉시 네 자신을 돌아보며 돈이나 쾌락이나 평판이나 그러한 범주의 것들에 지나친 가치를 부여함으로써 네가 그와 유사한 잘못을 저지르고 있지 않

---

127) 크로이소스Kroisos는 리디아의 최후의 왕(재위 기원전 560?~546년)으로, 소아시아 연안에 있는 그리스의 여러 도시를 정복했으며 부호로도 알려진 인물이다.

은지 성찰해보라. 그러한 성찰은 속히 너의 분을 가라앉게 할 것이고, 더군다나 그가 강요를 못 이겨 저지른 행동이라고 생각되면 그가 그럴 수밖에 없는 것이라고 여기게 되는데—그가 달리 무엇을 할 수 있겠는가? 그게 아니라면, 네가 할 수 있다면 그가 그럴 수밖에 없는 요인을 제거해주도록 해라.

31. 사티론이나 에우티케스나 휘멘을 볼 때에는 소크라테스를, 에우티키온이나 실바누스를 볼 때에는 에우프라테스를 생각해보고, 트로파이오포로스를 볼 때에는 알키프론을, 세베루스를 볼 때에는 크리톤이나 크세노폰을 생각해보라.[128] 그리고 네 자신을 볼 때에는 카이사르 중에서 한 명을—이렇게 매번 이전에 유사한 자들을 통해 생각해보라. 그러면 갑자기 이런 생각이 들 것이다. 그들은 지금 어디에 있는가? 어디에도 없거나 어디에 있는지도 모른다. 이와 같이 본다면 너는 인간사를 단지 사라지는 연기나 무無로 종식되는 것으로 보게 될 것이다. 특히 한번 변화된 것은 결코 더는 이전의 상태로 존재하지 않는다는 생각이 든다면 더욱 그럴 것이다. 그렇다면 왜 고통스러워하는가? 왜 너의 짧은 인생을 질서 있는 흐름에 맞춰 사는 것

---

128) 사티론Satyron과 에우티케스Eutyches와 휘멘Hymen은 달리 알려진 바는 없으나, 소크라테스와 플라톤을 추종했던 당대의 아카데미 회원들이며, 에우티키온Eutychion과 실바누스Silvanus는 당대 스토아학파의 철학자들이었고, 에우프라테스Euphrates는 소피스트로, 소小 플리니우스(61~112년)의 선생들 중 한 사람이었다. 트로파이오포로스Tropaiophoros와 알키프론Alkiphron에 대해서는 알려진 바가 없다. 세베루스Severus는 크리톤Kriton과 역사가인 크세노폰Xenophon과 같이 소크라테스의 철학 친구였다.

으로 만족하지 못하는가?

너는 물리적인 여건과 임무에서 벗어나려고 하느냐? 이 모든 것은 온 인생을 밀도 있게 관찰하는 이성과 체계적인 탐구를 위한 훈련이 아니고 다른 무엇이겠는가? 그렇다면 마치 튼실한 위가 모든 음식을 완전히 소화해내고, 타는 불길이 네가 던져 넣은 모든 것을 화염과 빛으로 변하게 하는 것처럼, 네가 이 모든 것을 완전히 이해할 때까지 훈련을 계속하라.

32. 아무도 너를 어떤 사실로도 진실하고 선한 사람이 아니라고 비방할 기회를 얻지 못하도록 하라. 너를 그렇게 보는 사람을 거짓을 말하는 사람이 되게 하라. 이 모든 것은 전적으로 네게 달려있다─네가 진실하고 선한 사람이 되는 것을 막을 사람이 있겠는가? 만일 네가 그와 같은 성품을 지닐 수 없다면 너는 더는 살기를 바라지 않아야 한다. 이성에게도 그와 같지 못한 사람은 버려지고 만다.

33. 주어진 물리적 환경 속에서 가장 건전한 영향을 주기 위해서는 무엇을 행하고 말할 수 있는가? 그것이 무엇이든지 그것을 행하고 말하는 것은 네 능력에 달려 있다─방해물이 있는 척하지 말라. 마치 향락주의자가 자기가 하고 싶은 대로 해서 불만을 해소하는 것과 같이, 너는 네가 만나거나 당면한 어떤 상황에서도 인간적인 적절한 대응을 함으로써 동일한 기쁨을 체험하기까지 너의 불만은 그치지 않을 것이다. 대응한다는 것은 인간의 법도를 지키는 데 있다.

굴러가는 물체라고 해서 그 자신의 움직임이 어디서나 뜻대로 굴러가지 않으며, 물과 불이나 자연의 그 밖의 어떤 대상이나 이성이 결여된 삶도 뜻대로 되지 않는다. 그들의 길을 막고 방해하는 것은 무수히 많다. 그러나 정신과 이성은 그들의 본성과 그들의 뜻대로 모든 방해물을 헤치고 나아가는 능력을 지닌다.

불이 위로 치솟고, 돌이 바닥에 떨어지고, 굴러가는 물체가 비탈을 따라 내려가는 것처럼, 이성의 특징은 모든 것을 쉽게 이행할 수 있다는 것을 분명하게 인식하라. 더는 다른 곳에 눈을 돌리지 말라. 그 밖의 다른 장애물은 시체나 다름없는 육신에 의한 것이거나, 우리 자신의 이성의 판단이나 동의 없이 그 자체로는 우리를 망가뜨리거나 해악을 끼칠 수 없는 것들이다.

그렇지 않다면 그러한 장애물을 만난 자들은 즉시 상태가 악화된다. 다른 모든 유기체들은 그들 중 일부가 어떤 해를 입으면 상태가 더욱 악화된다. 그러나 인간은 그와 달리 그런 상태에 처하면, 마주한 상황을 선용하여 실제로 더 나은 상태나 더 칭찬받을 만한 것이 되게 한다. 일반적으로 국가에 해를 입히지 않는 것은 시민에게도 해를 입히지 않으며, 법에 해를 주지 않는 것은 국가에도 해를 주는 것이 없다는 사실을 명심하라. 우리가 소위 불행한 상황이라고 하는 것은 법에 해로운 것이 아니다. 그러므로 법에 해로운 것이 아닌 것은 국가나 시민에게나 해로운 것이 아니다.

34. 참된 원리를 받아들이는 자는 아주 간결하고 평범한 교훈에도

모든 고통과 두려움을 이겨내기에 충분하다. 예를 들면 '바람이 부니 한 해의 잎사귀들이 떨어져 흩어진다. 인간들의 세대도 그와 같다네.'[129]라는 경구가 있다. 너의 자녀들도 '잎사귀들'에 지나지 않는다. 큰소리로 충성어린 찬사를 보내는 자나, 너의 반대편에 서서 저주하는 자나, 몰래 욕하며 조롱하는 자들 역시 '잎사귀들'에 불과하다. 너의 훗날의 명성을 전할 자도 그들과 마찬가지로 단지 '잎사귀들'일 뿐이다. 이 모든 것은 바람이 불면 떨어지고 '봄의 계절이 돌아오면' 숲에는 또다시 '그들 대신에 새로운 잎사귀들'이 생겨난다. 모든 것들은 한순간의 삶을 살아갈 뿐—이는 그들의 공통된 운명이다—하지만 너는 마치 모든 것의 정해진 운명이 영원한 것처럼 호불호好不好를 따져가며 추구하고 있는가. 잠시 후면 너도 눈을 감게 될 것이고, 그리고 곧이어 너를 매장했던 자들을 위해 애곡하는 또 다른 자들이 있을 뿐이다.

35. 건강한 눈은 보이는 모든 것을 다 보아야 하고 '나는 단지 옅은 색들만 보기 원해.'라고 말해서는 안 된다. 그렇다면 그 눈이 병들었다는 징후다. 건강한 귀와 코는 모든 소리와 냄새를 맡을 준비가 되어 있어야 하며, 건강한 위는 방아에 모든 것을 넣으면 가루로 만들듯이, 모든 음식을 받아들여 같은 방법으로 소화해내야 한다. 그와 같이 건강한 정신도 역시 모든 만일의 사태에 대비되어 있어야만 한

---

129) 호메로스의 『일리아스』 제6권 146~149행에서 발췌한 것이다.

다. '나의 자녀들은 잘 살아야 돼.' 혹은 '내가 하는 모든 일은 대중적인 환호를 받아야만 해.'라고 여기는 정신은 눈이 옅은 색만을 보고 이가 부드러운 음식만을 요구하는 것과 같다.

36. 그의 임종의 자리에 둘러선 자들 중에 그에게 닥쳐온 운명을 반기는 사람이 없는 자처럼 행복한 사람은 없다. 그는 진정한 현자였던가? 그렇더라도 아마도 어떤 사람이 그의 마지막 순간에 혼잣말로 '이 선생님이 사라진다면, 우리는 다시 마음껏 숨을 쉴 수 있을 거야. 그는 우리 중 누구에게도 힘들게 하지 않았지만, 은연중에 우리 모두를 비난하는 느낌이 들곤 했어.'라고 말할지도 모른다. 진정한 현자의 경우도 그러하다면, 우리의 경우에는 얼마나 우리가 사라지길 바라는 많은 다른 이유가 있겠는가? 만약 너는 죽어가면서 이러한 생각을 한다면 떠나가는 것이 한결 쉽게 여겨질 것이다. '나는 내가 그렇게 많은 노력과 기도와 생각을 쏟아 돌보던 나의 동료들마저 내가 떠나는 것을 원하며 틀림없이 내가 떠남으로써 어떤 해방감을 느낄, 그런 삶을 떠나가고 있는 것이다.' 그러므로 어느 누구라도 여기에 더 머물고자 하며 매달릴 이유가 있겠는가?

그럴지라도 네가 이생을 마감할 때에는 그러한 이유 때문에 그들에 대한 온정을 덜 느껴서는 안 되고, 진정한 네 자신의 성품인 우정과 호의와 너그러움을 유지해야 한다. 마지못해 그들에게서 떨어져 나가는 것처럼 하지 말고, 평안하게 임종을 맞이하는 자들이 하듯 육신의 껍질을 벗고 혼이 미끄러지듯 자연스럽게 그들을 떠나가라. 자연이 너와 그들의 인연을 이어주고 관계를 맺게 했으나, 이제는 그 인연을 풀어야 할 때인 것이다. 그러므로 나는 친족들을 떠나듯이 아무런 저항도 하지 않고 강요받을 필요도 없이 떠나야 한다. 이렇게 하는 것이 자연을 따르는 한 과정인 것이다.

37. 네가 할 수 있는 한, 다른 사람이 취하는 어떤 행동에 관하여 자문해보는 습관을 가져라. '그의 행동에서 참조할 만한 것이 무엇인가?' 그러나 그런 질문은 네 자신에게 먼저 던지고 네 자신의 행동부터 살펴보라.

38. 우리 내부에 우리를 이끄는 줄이 감춰져 있다는 것을 명심하라. 그것은 행동하는 힘이며, 삶의 원리이며, 말할 수 있는 인간 그 자체다. 그래서 그것을 담고 있는 육체나, 육체를 이루는 지체肢體와 동일하다는 생각을 가져서는 안 된다. 그 지체는 목수가 사용하는 도구들과 같은 것으로서, 단지 육체에 부착되어 있다는 것이 다른 점이다. 이것들은 직조공 없는 베틀이나 작가가 없는 펜이나 마부가 없는 채찍과도 같이, 그들을 가동시키고 멈추게 하는 우리를 이끄는 그 줄의 역할 없이는 아무런 쓸모가 없는 것들이다.

제 **11** 권

1. 이성적 혼의 특성은 이와 같다. 이성적 혼은 자신을 보고 자신을 형성하며 그가 원하는 대로 자신의 뜻을 행하여 자신을 위한 열매를 맺게 하여 거둔다―반면에 식물의 열매나 동물의 산물은 다른 사람이 거둔다. 이성적 혼은 삶의 한계가 어디에 놓여 있든지 자신의 목표를 달성한다. 무용이나 연극이나 그와 같은 것들은 어느 한 부분이 중단되면 공연 전체가 망가지지만, 이성적 혼은 인생의 모든 여정에 있어 어느 지점에서 중단이 되더라도 자신의 계획한 바를 완전하고 완벽하게 수행해낸다. 그래서 이성적 혼은 '나는 내 자신이 할 바를 다 해냈다.'고 말할 수 있다.

더 나아가 이성적 혼은 모든 우주와 그것을 둘러싸고 있는 공간으로 횡단하며 우주의 형태를 탐구하고, 무한대의 시간으로 뻗어나가 모든 것을 망라하여 우주의 주기적인 재생을 파악한다. 이성적 혼은 마치 우리 전세대의 사람이라고 해서 우리보다 더 많이 보는 것이 아닐 뿐 아니라 우리의 후세대의 사람이라고 해서 새로운 것을 보는 것이 아니라는 것을 보여준다. 그와 동일한 원리로, 약간의 이해력을 갖춘 마흔 정도의 사람은 어떤 의미에서는 무엇이 되든지 간에 지나간 모든 것과 미래의 모든 것을 보게 되는 것이다.

이성적 혼의 또 하나의 특성은 이웃을 사랑하고 진실하며 청렴하여 어떤 것이라도 그 자체보다 더 높이 평가하지 않는다. 또한 이 마지막으로 언급된 것은 본질적인 의미를 규정하는 면에서 법의 특성이기도 하다. 그러므로 철학적 원리와 정의의 원리 사이에서는 아무런 차이가 나지 않는다.

2. 네가 만약 음악 소리를 각각의 음표로 해체하여 분석하고, 그것에 대해 네 자신에게 '이러한 것이 나를 압도하고 있는가?'라고 묻게 된다면, 오락을 하찮게 여기게 되어 너는 그런 것들을 격찬했던 것에 대해 부끄러워지게 될 것이다. 무용에 있어서도 각각의 동작과 자세를 분석해보면 마찬가지라고 여겨질 것이요, 격투기에서도 그와 같을 뿐이다. 대개의 경우, 미덕과 그로 인한 행위를 제외하고는 어떤 사물에서도 그 구성 부분에 대해 바로 파악하고 분석해보면, 그런 것들은 경멸의 대상이 될 수밖에 없다는 사실을 기억하라. 그리고 이와 같은 방식은 삶 전체에 적용되어야 한다.

3. 지금이 바로 그때가 되어, 혼이 육신을 벗어나 무엇이 되든지—소멸하거나 흩어지거나 존속하거나—따를 준비가 되어 있는 것은 얼마나 고귀한 것인가! 그러나 이러한 준비는 명확한 결정에 따른 것이라야 하며, 기독교인들처럼 단순한 반항[130]이 아니라, 사려 깊고, 품위가 있어야 하며, 다른 사람들도 그것을 믿게 하려면—극적劇的이 되어서는 안 된다.

4. 나는 공동체의 유익을 위해 어떤 일을 한 적이 있는가? 그렇다면 나 역시 그 일로 인하여 혜택을 본 것이다. 이러한 생각을 항상 품고 멈추지 말라.

5. 너의 할 일은 무엇인가? 선한 사람이 되는 것이다. 그러나 그렇게 되는 것은 철학적인 개념—우주 본성과 인간의 특정한 기질에 대한 이해가 있어야 한다.

6. 처음에 비극이 공연됨으로써, 그런 일은 세상에서 일어날 수 있는 일들이라는 것을 상기시켜 주고, 그러한 일이 일어나는 것은 자연스러운 일이며, 공연장에서 감동을 주던 일들이 실제적인 삶의 더 큰 무대에서 일어난다고 해도 괴로워해서는 안 된다는 것을 일깨워주었다. 너는 그런 일들이 그런 결말을 맺을 수밖에 없다는 것과 '아, 키

---

130) 기독교인들의 순교를 말한다.

타이론이여'[131]라고 부르짖는 자들조차도 그런 일들을 감당해내야 하기 때문이다.

비극 작가들이 더러는 유익하게 말한 것들이 있다. 그중에서 좋은 예를 들어보면 '만약 신들이 나와 내 아들들을 이제 더 이상 돌보지 않는다면, 그럴 만한 이유가 있겠지', 또한 '단순한 일이나 무시할 만한 사실에 분을 내서는 안 된다', 그리고 '우리네 인생도 곡식이 익으면 거두는 것처럼 거둬들여야 한다.' 이외에도 다른 여러 말들이 많이 있다.

비극 다음으로는 고古 희극이 공연되었는데, 억눌리지 않는 솔직한 표현으로 교육적 가치가 있었고, 꾸밈없는 화법으로 거만을 경계하는 데 유용했다—디오게네스도 비슷한 목적으로 이러한 특성을 수용했다. 그다음으로 공연된 중기中期 희극의 본질과 이어서 도입된 신新 희극의 목적에 대해 살펴보라.[132] 신 희극은 서서히 예술가의 기교를 모방하는 것으로 전락하게 되었다. 하지만 이러한 작가들도 더러는 유익한 것을 말했다는 것은 다 알고 있는 사실이다. 그러나 이러한 시나 희극 부류의 모든 취지와 목적은 과연 무엇이겠는가?

---

131) 소포클레스의 『오이디푸스 왕』 1391에 보면, 오이디푸스가 제 아비를 죽이고 어미와 결혼해야 할 운명이라는 신탁으로 태어나자 키타이론 산에 버려졌다. 이후 그곳에서 구출되지만 모든 것이 신탁대로 되었다는 사실을 뒤늦게 알고 오이디푸스가 그곳에서 죽지 못한 것을 탄식한 말이다.

132) 희극의 대표자로는 고 희극에서는 아리스토파네스가 있고, 신 희극에서는 메난드로스가 있다. 아리스토파네스의 희극은 11편이 현존해 있고, 메난드로스의 희극은 1편만 온전히 남아 있으며 다른 6편은 상당 부분만 남아 있다. 이 둘 사이에 있던 중기 희극은 오직 단편들만이 전해지고 있다.

7. 철학을 연구하는 데 도움이 되는 것은 다른 사람의 삶이 아니라 지금 네 자신을 아는 데 있다는 것은 얼마나 명백한 발상인가!

8. 하나의 나뭇가지가 바로 옆 가지에서 잘리게 되면 어쩔 수 없이 본체의 나무에서도 잘린다. 그와 같이 인간의 존재가 다른 한 인간과 단절된다는 것은 공동체 전체에서 분리되는 것이다. 그런데 나뭇가지는 자신이 아닌 다른 것에 의해 잘리지만, 인간은 증오나 갈등으로 스스로 이웃에게서 분리될 뿐 아니라, 그는 그렇게 함으로써 동료들의 광범위한 사회에서 이탈되었다는 것도 알지 못한다. 단지 인간의 공동체에 관여하는 제우스로부터 우리에게 주어진 선물이 있는데, 우리는 이웃에게 다시 돌아가 성장하며 전체에 덧붙여짐으로 다시 재개할 수 있다는 것이다. 그렇지만 이렇게 분리되는 것이 너무 자주 반복되면, 분열된 부분이 연합되고 회복되기는 점점 더 어려워진다. 요컨대 처음부터 나무와 함께 자란 나뭇가지와 잘려서 다시 접목된 나뭇가지는 같지 않다고 정원사들은 말한다. 함께 자라기는 하지만 같은 성질을 공유하지는 못한다.

9. 네가 올바른 이성의 길을 따라 가는 것을 가로막는 자들이 너를 원리적인 행위에서 벗어나게 할 수 없는 것처럼, 너는 그들로 하여금 그들을 향한 너의 선한 뜻이 사라지지 않게 하라. 차라리 너는 두 가지 측면에서 네 자신을 한결같이 지켜나가되, 판단과 행위를 바르게 할 뿐 아니라 너를 방해하는 자들이나 어떤 것으로든 너에게 불만을

품은 자들을 온유하게 대하는 것이다. 그들에게 분노하는 것은 네가 취할 바를 저버리고 당황하여 굴복하는 것 만큼이나 네 나약함을 드러내는 것이다. 이 둘은 똑같이 의무를 불이행한 것으로써 겁에 질려 물러서고 있거나, 아니면 본성적으로 친족이나 친구들과 네 자신이 불화하고 있는 것이다.

10. '자연은 기술보다 열등하지 않다.' 사실 기술은 자연의 다양한 특징들을 모방한 것이다. 만약 그렇다면, 이 모든 자연은 가장 완벽하고 모든 것을 아우르고 있으며, 어떠한 예술적인 창의력을 가지고도 이를 능가할 수는 없다. 모든 기술에 있어서는 우월한 것의 유익을 위하여 열등한 것이 창작되며, 그러한 것이 보편적인 자연에서도 같은 식으로 적용된다. 보편적인 자연은 정의의 기원이 되고, 정의에서 다른 여러 가지 미덕들이 나왔으며, 그런 이유로 가치가 없는 무의미한 것들에 관심을 갖거나 기만당하거나 쉽게 중단되고 변화된다면, 정의를 보전해나갈 수 없게 된다.

11. 추구하거나 회피하는 외부적인 일들이 너를 괴롭게 하는 것은 그 일 자체가 너를 강요하는 것이 아니고, 어떤 면에서는 네가 그 일에 대해 마음을 쓰고 있다는 것이다. 그러므로 그 일에 대한 너의 판단을 중지하면 그 일도 역시 그 상태로 있게 될 것이고, 그러면 네가 추구하고 회피하는 일도 없게 될 것이다.

12. 혼은 구체球體로서 어떤 것에 의해 팽창되거나 수축되지 않고, 터지거나 가라앉지 않고, 한결같은 빛을 유지하여 그 빛으로 만물의 진리와 그 자체의 진리를 봄으로써 그 자신의 형체를 완벽하게 유지한다.

13. 누군가가 나를 경멸하는가? 그것은 그 사람의 문제다. 내가 알아야 할 것은 내가 경멸받을 만한 말과 행동을 하지 않도록 해야 한다는 것이다. 그가 나를 미워하게 될 것인가? 그것은 그의 문제다. 그러나 나는 모두에게 친절과 선의로 대해야 하며, 바로 그 사람에게는 그가 잘못한 것을 보여줄 준비가 되어 있어야 하되 어떤 비판이나 관용을 드러내기 위해서가 아니라, 저 유명한 포키온[133]처럼 (만약 그가 말한 것이 반어적인 표현이 아니라면) 진실로 선한 뜻으로 해야 한다. 신들에게 보여주는 우리의 내면의 생각들이 이러해야 하며, 신들은 어떤 불평의 생각도 갖지 않고 자기연민에서 자유로운 인간을 보게 될 것이다. 그리고 네가 현재 이 순간에 너의 본성에 부합된 행동을 하고, 인간은 전적으로 모든 면에서 공동의 유익을 성취해나가는 데 있으므로 보편적인 본성의 목적을 적절하게 받아들인다면, 네가 무슨 해로운 일로 고통을 당할 수 있겠는가.

---

133) 포키온Phokion(기원전 402-318년경)은 아테네에서 '선한 자'라 알려긴 정치가이지 장군이었으며, 플루타르코스의 『영웅전』에 등장하는 인물이다. 기원전 318년에 반역죄로 독약에 의한 사형 선고를 받고, 사형이 집행되기 전에 그 아들에게 남기고 싶은 말을 묻자, 아들이 자신의 죽음에 대해 아테네인들에게 아무런 원한을 품지 않기를 바란다고 말했다고 한다.

14. 사람들은 서로를 경멸하면서도 여전히 서로에게 아첨하고, 서로 이기기를 바라지만 여전히 서로에게 굽실거린다.

15. '나는 너를 정직하게 대하기로 했어'라고 말하는 사람의 주장은 얼마나 거짓된 것인가! 이 사람아, 너는 무슨 말을 하고 있느냐? 미리 그런 말을 할 필요가 없다―현실적으로 직면하게 될 것이다. 그것은 마치 사랑하는 누군가가 즉시 사랑하는 사람의 눈길 속에서 모든 것을 읽어내는 것처럼, 즉시 너의 표정과 너의 말투와 너의 눈빛으로 명백하게 드러나게 될 것이다. 요컨대 정직하고 선한 사람은 더러운 사람이 풍기는 것과 같이, 그 곁을 스쳐 지나치기만 해도 즉시 원하든 원하지 않든 그 기운을 감지할 수가 있다. 그러나 계산된 정직은 비수와 같고, 늑대의 우정보다 더 모욕적인 것이다. 이 모든 것을 피하라. 선하고 정직하고 친절한 사람은 그의 눈빛 안에 그러한 성향을 드러내므로 그를 잘못 알아볼 수는 없다.

16. 최선의 삶을 살아라. 그러한 삶을 가능하게 하는 힘은 인간의 혼 안에 있다. 그러나 그 전제 조건으로 무관심해야 할 일들에 대해 무관심해야 한다. 그러한 사물들을 전체적으로나 부분적으로 분석해도, 그 사물들 자체로 판단을 내리거나 그 자체로 우리를 강요하지 않는다는 것을 유념한다면, 너는 무관심한 태도를 취하게 될 것이다. 그러한 사물들은 스스로 활동할 수 없다. 이를테면 그 사물들을 판단하는 것은 우리고, 우리의 생각 속에 그것들을 각인시킨다. 그러

나 그러한 것들을 각인시킬 필요가 전혀 없으며, 예기치 않게 각인된 것이라도 즉시 지워버릴 수가 있다. 우리가 그러한 사물들에 주의를 기울이는 것도 잠시 동안 계속될 뿐이고 그런 다음에는 우리 인생이 끝나는 날이 오리라는 것을 또한 유념하라. 그렇다면 왜 그러한 것들로 인해 괴로움을 당해야 하는가? 그러한 사물들이 본성과 일치한다면, 기꺼이 받아들이면 다루기가 쉬워질 것이다. 그러나 그 사물들이 본성과 일치하지 않는다면, 네 자신의 본성과 일치하는 것을 찾고, 설사 그것이 너에게 영광을 가져오는 것이 아니더라도 그 길로 올곧게 나아가라. 누구라도 자신에게 적절한 선을 추구하는 것은 용서받을 수 있다.

17. 각각의 사물을 대하게 되면 그것의 근원은 무엇이며, 어떤 요소로 구성되어 있는지, 무엇으로 변해가고 있는지, 변한 다음에는 무엇이 될 것인지, 변하더라도 아무런 해가 되지 않는다는 것에 대해 생각하라.

18. 첫째, 사람들과 나는 어떤 관계를 이루며, 우리는 서로를 위하여 태어났다고 생각하고 있는가? 달리 말하면 숫양이 양 떼를 인도하고 황소가 소 떼를 인도하듯이, 나는 그들의 인도자가 되기 위해 태어났는가? 그러나 처음의 원리들로 시작하라. 우주가 단순한 원자들의 집합제가 아니라면, 우주의 본성은 전체를 다스린다. 그렇다면 열등한 것은 우월한 것을, 우월한 것은 서로를 위해서 존재한다.

둘째, 식탁에 앉아 있거나 침상에 있거나 그 밖의 일들을 하고 있는 그들은 어떤 부류에 속한 사람들인가. 무엇보다도 그들의 의견에 따라 그들에게 부과된 행동은 어떤 것이며, 그렇게 행함으로 갖는 그들의 자만심이 어떠한지를 생각해보라.

셋째, 사람들이 올바르게 행한다면 우리가 불평할 이유가 없다. 사람들이 잘못 행한다면 그들도 원치 않는 일을 했거나 무지해서 한 일이 분명하다. 마치 혼이 진리를 강탈당하는 것을 좋아하지 않듯이, 혼은 각 개인의 가치에 상응하여 적절한 대응을 하지 않는 것을 원치 않는다. 이에 사람들은 부당하고 잔인하고 이기적이라는, 한마디로 말해서 이웃에게 잘못을 저질렀다는 비난을 받으면 격분하게 된다.

넷째, 네 자신도 많은 잘못을 하고 있으며 다른 사람들과 다른 점이 없다. 네가 어떤 잘못을 행하는 것을 삼가고 있더라도, 그러한 자제가 다른 사람들이 하는 것 같이 두려움이나 평판이나 어떤 다른 빈약한 동기에서 비롯된 것이라면, 너는 여전히 잘못을 저지를 성향을 지니고 있는 것이다.

다섯째, 너는 다른 사람들이 잘못을 행하고 있다고 단정할 수 없다. 수많은 일이 좀더 큰 계획의 일환으로서 일어났으며, 대체적으로 누구든지 다른 사람의 행동을 정확하게 평가하기 이전에 그에 대한 많은 지식이 요구되는 것이다.

여섯째, 너는 몹시 분이 치밀어 오르거나 혹여 인내심을 잃어버릴 경우에는 인생이란 단지 시간의 파편을 지나가는 것에 불과하며 머지않아 우리 모두는 무덤에 있게 될 것이라는 것을 생각하라.

일곱째, 다른 사람의 행동은 그들 자신의 지배적 이성에 의해 발생되었기 때문에 우리를 괴롭게 하지는 않으며, 우리가 괴로워하는 것은 우리의 판단에 의한 것이다. 그렇다면 이러한 판단들을 지워버리고 네가 생각함으로 격분을 일으킬 소지가 있는 너의 평가를 묵살해버리면 너의 분은 사라지게 된다. 그러면 어떻게 그 판단들을 지워버릴 것인가?

다른 사람들의 행동에 의해서 네가 모욕적인 해를 입지 않을 것이라는 생각을 하면 된다. 만약 그렇지 않을 경우, 너는 다른 사람들의 행동에 의해 어쩔 수 없이 많은 해를 끼치는 범죄를 저지르고, 강도나 범죄자가 될 수도 있다.

여덟째, 우리의 분노를 일으키고 고통을 주는 그들의 행동보다, 그것으로 인해 우리가 화를 내고 고통스러워한다면 그것이 더 비통한 일이다.

아홉째, 친절한 행동이 환심을 사기 위해서나 가식적이지 않고 진심 어린 것이라면 무엇과도 바꿀 수 없는 것이다. 아무리 공격적인 사람이라도 네가 지속적으로 그에게 친절을 베푼다면, 그가 너에게 무엇을 할 수 있겠는가? 기회가 생길 때마다 너는 다정하게 충고하며 그가 너에게 해를 입히려고 할 때에는 '그건 아니야, 이 사람아, 우리는 이것보다 더 좋은 목적을 위해 태어났네. 나는 해를 입지 않겠지만 네가 해를 입게 될 거야.'라고 시간을 내어 그를 가르친다면 너에게 무슨 짓을 할 수 있겠는가? 그리고 그에게 꿀벌들이나 자연에 군생群生하는 어떤 다른 존재들도 그와 같은 행동을 하지 않는다는 일반적인 관점에서 사물이 존재하는 법을 세세하게 일러주어라. 단 너의 충고가 비꼬거나 비난하는 것처럼 되어서는 안 된다. 감정을 상하지 않게 다정하게 말하되 훈계를 한다거나 다른 사람에게 감동을 주기 위해 하지 말고, 여러 사람을 의식하지 않고 그 사람에게만 말하듯 해야 한다.

이 아홉 가지 원칙을 뮤즈의 신들[134]이 준 선물로 여기며 항상 염두에 두고 지켜라. 아직 살아남은 동안에 마침내 인간다운 인간이 되기를 시작하라. 너는 그들과 상대할 때 분을 내는 것 못지않게 아첨을 피해야 한다. 이 두 가지는 다 공동체에 유익을 주는 것도 아니며 다만 해로운 길로 이끌 뿐이다. 분노에 사로잡혔을 때에는 격렬하게 화를 내는 것이 남자다운 것이 아니라 온화하고 점잖은 것이 더 인간적이고 더 남자다운 것이라는 생각을 가지도록 하라. 진정한 힘과 체력과 용기를 지닌 자는 격분하지 않으며 불평하지 않는다. 감정을 조절할 수 있는 자는 그만큼 더 힘이 강해지는 것이다. 분노하는 것은 고통만큼이나 나약함을 나타내는 것이다. 이 둘 모두 상처받고 굴복당하는 것을 의미한다.

자, 이제 원한다면 뮤즈의 신들의 지휘자[135]가 주는 열 번째 선물을 받으라. 나쁜 사람에게서 잘못을 저지르지 않는 것을 기대한다는 것

---

134) 그리스 신화에 나오는 예술과 학문의 여신으로 고대인들은 무사Musa라 불렀는데 이는 '명상하다'라는 뜻의 그리스어에서 비롯되었다고 한다. 복수로 지칭할 때에는 무사이Musai로 불리었다.

135) 음악과 의술을 관장하는 아폴로Apollo 신을 말한다.

은 미친 짓이다. 불가능한 것을 바라고 있기 때문이다. 그들이 다른 사람에게 그러한 행동을 하는 것은 용납하면서도 너에게만 잘못을 저지르지 않기를 바라는 것은 무자비하고 포악한 행위다.

19. 너의 지배적 이성을 타락시키는 네 가지 특정한 요인들을 끊임없이 경계해야 하며, 그것들이 감지될 때마다 그것들을 제거하고 이 공식을 적용하라. '이러한 심상(心象)은 불필요한 것이다.' '이것은 공동체의 결속을 약화시킬 수 있다.' '이것은 네 본심이 말하려고 하는 것이 아니다(네 본심을 말하지 않는 것은 모순의 극치로 여겨져야 한다).' 그리고 네가 자책해야 할 네 번째 경우는 너에게 더 신성한 부문으로 승부수를 두지 않게 한 것과 더 열등한 부문인 육체와 그 천박한 기쁨에 굴복한 것에 대한 것이다.

20. 네 안에 혼합되어 있는 공기와 불의 모든 원소는 본성적으로 위로 상승하려는 성분을 가지고 있지만, 우주의 제도에 순응하여 육신의 복합체 안에 머물러 있는 것이다. 그리고 네 안에 있는 흙의 모든 원소와 물은 가라앉는 성분을 가지고 있으나, 그럼에도 상승하여 그들의 본성과 맞지 않는 위치에 머물러 있다. 이러한 원소들조차 우주에 순응하여 그들의 자리를 배정받아, 우주로부터 다시 해체하라는 신호가 주어질 때까지 그곳에 머물러 있어야만 한다.
그러면 유독 너의 지적인 부문이 반항하고 배정된 위치에 불만을 품는다면 이상한 일이 아닌가? 그러나 그 부문에 강요된 것은 없으며, 오직 자신의 본성에 따르는 것뿐이다. 그런데도 여전히 따르기를 거부하고 다른 방향으로 나아간다. 불의와 방종과 분노와 고통과 두려움의 행위들을 향한 어떤 움직임도 그야말로 본성에 역행하는 길로 나아가는 것이다. 더군다나 지배적 이성이 어떤 일에 분개할 때마다, 그 역시 그 본연의 자리를 이탈한 것이다. 지배적 이성은 인간에게 정의를 행하는 것 못지않게 신을 숭배하고 섬기는 역할을 하도록 되어있다. 이것은 또한 서로에 대한 유대감을 형성하고, 어쩌면 정의를 행하는 것보다 더 중요하다.

21. '삶에 있어 하나의 동일한 목표를 가지지 아니한 자는 살아가는 내내 하나의 동일한 방식을 유지할 수 없다.' 이 격언은 그 목표가 무엇에 대한 것인가를 부가하지 않는 한에는 불완전한 것이다. 어쨌든 다수가 선하다고 여기는 것은 여러 가지 사물의 다양성으로 그 판단이 분분할 수밖에 없지만, 단 한 가지만은 보편적인 판단을 내릴 수 있는 것이 있는데, 그것은 공동체의 유익을 위한 것일 때다. 그것은 우리 자신들의 사회적인 목표를 설정하고 우리 동료 시민들의 유익을 위한 목표를 따르는 것이다. 자신의 모든 의욕이 이러한 목표를 향해 나아가는 자는 모든 행동이 한결같고, 평생 변하지 않고, 동일한 모습으로 살아가게 될 것이다.

22. 시골에 사는 쥐와 도시에 사는 쥐를 보라. 그리고 도시의 쥐가 겁을 먹고 종종걸음 치는 것을 보라.

23. 소크라테스는 일반 대중의 신앙을, 어린아이들이 겁을 먹는 '악귀들'이라고 칭하곤 했다.

24. 스파르타인들은 축제 때 방문객에게는 그늘 아래 자리를 내주고, 그들 자신은 아무데나 앉았다.

25. 소크라테스는 마케도니아의 페르디카스 왕[136]에게 그의 방문에 대한 초대를 거절하면서, '가장 비참한 죽음을 피하기 위해서'라고 했다. 그것은 그가 받은 후한 대접에 대해 보답할 길이 없다는 뜻이다.

26. 에페소스인들의 저술에는 일찍이 미덕의 길을 실천한 사람들 중에 한 사람을 끊임없이 생각하라는 교훈이 있었다.

27. 피타고라스학파가 말하기를 '새벽의 하늘을 쳐다보라.' 이는 거기에 있는 천체들이 그들의 의무와 질서와 순수와 그들의 적나라함으로 끊임없이 운행되고 있는 불변성을 우리에게 상기시키고자 함이다. 별은 가리지 않고 그대로를 드러낸다.

---

136) 이 부분은 마르쿠스의 착오로 보인다. 여기에서 일컫는 소크라테스를 초대한 마케도니아 왕은 아리스토텔레스와 세네카가 말한 페르디카스Perdikkas의 아들 아르켈라오스Archelaus다. 아르켈라오스는 기원전 413년에서 기원전 399년 그가 암살되기까지 마케도니아를 통치했던 왕이다. 그는 예술의 후원자를 자처하며 시인 에우리피데스와 아가톤을 비롯해서 화가 제욱시스 등을 초빙해 그의 궁정에 얼마동안 머무르게 했다.

28. 크산티페가 소크라테스의 겉옷을 가지고 나가버렸을 때 속옷만 입고 있던 소크라테스를 생각해보라. 친구들이 그의 옷차림을 보고 쑥스러워 물러섰을 때, 소크라테스가 그들에게 무슨 말을 했는지 생각해보라.

29. 남을 가르치기 전에 네가 먼저 쓰기와 읽기를 배워야 한다. 인생의 모든 면에서는 더욱 그렇다.

30. '너는 노예로 태어났으므로, 너의 의견은 없다.'

31. '나는 마음속으로 웃었다.'[137]

32. '그들은 미덕을 경멸하고 모욕적인 언사를 내뱉을 것이다.'[138]

33. '겨울철에 무화과를 찾는 자는 미친 자다. 아이를 갖지 못할 시기에 아이를 갖기를 바라는 자도 이와 마찬가지다.'

34. 에픽테토스는 '너의 자녀와 입맞춤을 할 때 "내일 너는 죽을 수도 있어."라고 네 자신에게 말해야 한다.'고 했다. 그러나 그건 불길

---

137) 호메로스의 『오디세이아』 9권 413행에서 나오는 말이다. 오디세우스Odysseus가 외눈박이 거인 키클롭스 폴리페모스Cyclops Polyphemus를 물리친 뒤 승리를 기뻐하며 한 말이다.
138) 헤시오도스의 『일과 나날들』 186에 나오는 말이다.

한 말이 아닌가! 그는 답하기를 '아니다, 자연의 진행 과정을 이르는 것이므로 불길할 말이 아니다. 그런 말이 불길하다면 익은 곡식을 거두어들인다고 말하는 것도 불길한 말이 될 것이다.'라고 했다.

35. 덜 익은 포도, 익은 포도, 건포도, 이 모든 것은 변한다. 그러나 무無로 변하는 것이 아니라, 여태까지 존재하지 않았던 것으로 변한다.

36. '도적도 우리의 자유의지를 훔쳐갈 수는 없다.' 에픽테토스는 이렇게 말했다.

37. 그는 또 말하기를 '우리는 동의를 이끌어낼 수 있는 기술을 발견해야 하며, 우리의 의욕이 모든 영역에서 각기 하고자 하는 바가 조건에 맞되, 특별한 목적과 그것의 목표의 가치에 비례할 수 있는 것이 되도록 주의를 기울여야 한다. 우리는 전적으로 개인적 동기부여에 대한 명확성을 유지해야 하며, 그와 동시에 우리의 즉각적인 대처 밖에 있는 어떤 것이라 해도 열의가 부족하지 않다는 것을 보여야 한다.'고 했다.

38. 또다시 말하기를 '우리는 사소한 상급을 놓고 경합을 벌이고 있는 것이 아니고, 문제로 삼고 있는 것은 미친 상태로 살 것인가, 온

전한 정신으로 살 것인가에 있는 것이다.'라고 했다. [139]

39. 소크라테스는 종종 이러한 질문을 던졌다. '무엇을 갖기를 원하는가? 이성적인 혼이냐 아니면, 비이성적 존재냐?' '이성적 존재다.' '어떤 이성적 존재를 말하는가?' '순수하고 올바른 것인가 아니면 그보다 열등한 것인가?' '순수하고 올바른 것이다.' '그러면 왜 너는 다투면서 의견의 차이를 보이는가?' [140]

---

139) 33장에서 38장까지는 에픽테토스의 『담화록』에 나오는 말들이다.
140) 이 소크라테스의 문답 형식 소품문은 출처가 분명하지 않다.

제 12 권

1. 이러한 것들을 수용하기만 한다면, 너는 네 인생의 전반에 걸쳐서 도달하기를 바라는 그 모든 것을 지금 얻을 수 있다. 그것은 네가 모든 과거를 뒤로 하고, 미래를 섭리에 맡기고, 지금 현재 신을 숭배하고 정의를 행하는 것이다. 신을 숭배함으로써 너는 네게 주어진 몫을 사랑하게 되는데, 그 몫을 너에게 가져다주어 네가 그 몫을 감당하도록 한 것은 본성이기 때문이다. 정의롭게 행함으로써 너는 말과 행동에 있어 개방적이며 솔직하고, 네가 하는 모든 일에 법을 준수하고 균형을 유지할 수 있다. 너는 아무것도 너의 길을 방해하지 않도록 해야 한다—다른 사람들의 부당함이나, 그 밖의 사람들이 생각하고 말하는 것들, 더더구나 네 주변에 공생하는 빈약한 육신의 어떤 감각적인 것이 방해하지 않도록 하라. 그런 것들은 육신에만 영향을

끼친다는 것을 알아야 한다.

그런 후에 네가 마침내 너의 삶을 마감해야 할 때, 너는 그 밖의 모든 것을 뒤로 하고 오로지 너의 지배적 이성과 네 안에 있는 신성에 가치를 두고, 만약 너의 두려움이 삶을 마치는 것에 있지 않고 본성에 따라 삶을 시작하지 못한 데 있다면, 너는 너를 낳아준 본성에 합당한 자가 될 것이다. 더는 네 조국에 대해서 이방인이 되지 않을 것이며 예상 밖의 일로 당황하듯 네게 매일 같이 일어난 일이 더 이상 낯설지 않을 것이며, 이런 저런 일에 더 이상 매이지도 않게 될 것이다.

2. 신은 모든 인간을 물질인 그릇과 거죽과 불순물을 벗겨내고, 지배적인 이성만을 본다. 신은 그 자신의 지능과 우리 안에 있는 경로를 통해 자신에게서 흘러나온 것으로만 접촉한다. 만약 너도 그와 같이 보는 것을 훈련한다면, 너를 산만하게 하는 수많은 것에서 벗어나게 될 것이다. 육신과 관계된 것을 거들떠보지 않는 자가 옷이나 집이나 평판이나 또는 어떤 다른 것에 사로잡히거나 겉치레에 그의 시간을 허비하겠는가?

3. 너는 육신과 호흡과 정신, 이 세 가지로 구성되어 있다. 처음 두 가지는 네가 그것을 돌보아야 하는 동안에만 너의 것이고, 다만 세 번째의 정신만이 온전한 의미로 너의 것이다. 그래서 너를 네 자신으로부터 분리시킨다면―그것은 정신으로부터 분리를 뜻하며―다른 사람들의 모든 말이나 행동, 네 자신의 모든 말이나 행동, 미래에 너

를 괴롭힐 모든 것, 너를 둘러싸고 있는 육신과 그와 관련된 호흡으로 너의 의사와 상관없이 야기되는 모든 것, 우리를 둘러싼 외부적인 소용돌이로 인한 혼란스러운 모든 것에서 네 정신으로 하여금 우발적으로 생겨난 이 모든 관계를 초월하면 너의 정신은 그 자체로 존재할 수 있으며, 순수하고 자유롭고, 정의로운 것을 행하며, 일어난 모든 일을 수용하며, 진리를 말할 수 있게 된다. 내가 말한 대로, 미래와 과거의 시간에서 너의 격정의 응어리를 너의 지배적인 정신에서 분리시키고, 네 자신을 엠페도클레스[141]와 같이 '홀로 그 모든 것을 즐기는 완전한 기쁨을 누리는 구체球體'로 만들고, 오직 네가 현재 살고 있는 삶이 완전해지길 바란다면, 너는 적어도 죽음이 오기 전까지 너의 여생을 평온하고 서로에 대해 친밀하게 지내며, 네 안에 있는 신과의 화목한 교제를 이루며 살게 될 것이다.

4. 나는 자주 모든 사람이 저마다 어느 누구보다 자신을 더 사랑하면서도 자기 자신에 대한 평가는 다른 사람이 하는 평가보다 더 낮게 하는지에 대해 궁금했다. 어쨌거나 신이나 현명한 교사가 그에게 다가와서 그가 즉시로 밖으로 발설하지 않는 내적인 생각이나 목적을 품지 말아야 된다고 명령한다면, 그는 그 제안을 단 하루도 용납할

---

141) 엠페도클레스Empedocles는 기원전 490년경 지중해 시칠리아에서 태어난 고대 그리스 철학자이자 정치가였다. 그는 세상만물의 근원이 동등한 4원소인 물, 흙, 공기, 불이라 주장했고, 그의 사상의 핵심은 이 4원소의 사랑과 다툼으로, 즉 이 원소들이 합치거나 흩어지면서 존재들이 생겨나고 사라지는 것으로 보았다.

수 없을 것이다. 그럼에도 우리는 우리 자신의 생각보다 다른 사람들이 우리에 대해 하는 생각을 더 존중하고 있는 것이다.

5. 다른 모든 것을 그렇게 질서 정연하게 하고 인간에 대한 그런 사랑을 가진 신들이, 그중에 가장 탁월한 소수의 인간들, 이를테면 신성으로 가장 가까이에서 교통하고 그들의 경건한 행동과 의식을 통하여 신들과 가장 밀접한 관계에 도달한 자들이 당하는 이 한 가지 일─이 사람들이 일단 죽으면 어떤 다른 존재로 돌아가는 것이 아닌 영원히 소멸된다는 것을 어떻게 간과할 수 있겠는가?

설사 소멸되는 것이 사실이라 해도, 만약 그것이 달라져야 하는 것이었다면 신들은 그와 다르게 만들었을 거라는 것을 확신할 수 있게 된다. 소멸되는 것이 옳다면, 그것은 또한 응당 그렇게 되는 것이어야 하고, 그렇게 하는 것이 본성을 따르는 것이라면, 본성도 그러한 결과를 가져올 것이기 때문이다. 그러므로 달라지지 않는 사실(만일 그것이 참으로 사실이라면)을 너는 그것이 달라지지 않아야 되는 것으로 확신해야 한다. 이러한 주제넘은 질문을 던져 신에게 답변을 요구하고 있다는 것을 너도 알 것이다. 그러나 우리는 신들이 지극히 선하고 지극히 정의롭지 않다면, 그러한 논쟁을 신들과 벌이지도 않았을 것이다. 그들이 그렇게 선하고 정의롭다면, 그들이 우주를 질서 정연하게 배열한 그 어느 부분으로 하여금 그 선하고 정의로운 면을 소홀히 하여 그들에게서 이탈하지 않도록 할 것이다.

6. 습득하기가 어렵게 여겨질지라도 훈련하라. 훈련 부족으로 왼손은 대부분의 일에서 오른손보다 서툴지만, 말고삐를 잡는 일에서만은 오른손보다 더 세게 잡는다. 왼손이 훈련되었기 때문이다.

7. 죽음이 엄습해 왔을 때 육신과 혼이 어떻게 될지, 인생이 짧다는 것과 미래와 과거의 시간의 방대함과 모든 질료가 무력하다는 것을 생각하라.

8. 모든 일에 있어 겉껍질을 벗겨 그 원인을 살피고, 어떤 행동이라도 숨겨진 의도를 살펴보라. 고통이 무엇인가? 쾌락은 무엇인가? 죽음은 무엇인가? 명성은 무엇인가? 자신을 불안하게 하는 원인이 자신에게 있지 아니한가? 이 모든 것을 신중하게 생각해보라. 그리고 아무도 어떤 다른 것에 의해 방해받지 않는다는 점과 그 모든 것은 우리의 생각이 그렇게 만든다는 것을 상기해보라.

9. 너의 삶의 원리들을 적용하기 위해 본을 삼는다면 검투사보다는 권투선수가 더 낫다. 검투사는 검을 떨어뜨리면 다시 집어야 하지만, 권투선수의 손은 언제나 그의 몸에 붙어있으므로 주먹을 쥐기만 하면 되기 때문이다.

10. 사물의 질료와 원인과 자료를 분석하여 그 사물의 실체가 무엇인지 알아보라.

11. 신이 인정하는 일만을 행하고, 신이 본성에 따라 할당한 모든 것을 기꺼이 받아들이는 자는 얼마나 자유로운 자인가!

12. 신을 비난하지 말라. 신들은 의도하든지 의도하지 않든지 잘못을 저지르지 않는다. 인간도 비난하지 말라. 인간의 모든 잘못은 의도적이지 않다. 그러므로 아무도 비난해서는 안 된다.

13. 인생에서 늘 일어나는 어떤 일에 놀라는 사람은 얼마나 어리석고 이상한 사람인가!

14. 우주는 운명의 필연성으로 벗어날 수 없는 질서에 매여 있거나, 기도의 여지가 있는 섭리로 운행되거나, 방향도 목적도 없는 무차별적인 혼돈에 싸여있다고 볼 수 있다. 벗어날 수 없는 필연성에 매여 있는 것이라면, 왜 저항하는가? 기도로 회유가 허락된 섭리로 운행되는 것이라면, 네 자신을 신에게 도움을 청할 수 있는 합당한 자가 되게 하라. 제어할 수 없는 혼돈에 싸여 있는 것이라면, 이러한 엄청난 소용돌이 속에서도 네 안에 네 자신의 지배적 이성이 있다는 것을 기뻐하라. 홍수가 나서 너를 휩쓸어간다면, 그것으로 너의 육신과 너의 호흡과 그 밖의 모든 것을 다 휩쓸어 가게 하라―그러나 너의 이성만은 휩쓸어 가지 않을 것이다.

15. 등불은 빛을 내며 꺼지기까지는 그 광채를 잃지 않는다. 하물

며 너의 등불이 되는 진리와 정의와 절제가 네가 죽기도 전에 사라지겠느냐?

16. 어떤 사람이 잘못을 행했다는 인상을 받았다면, 나는 어떻게 그것이 잘못되었다는 것을 아는 것일까? 그가 정말 잘못을 저질렀다면, 그가 그의 얼굴을 찢는 것과 같은 단죄를 그 스스로 행하지 않았다는 것을 나는 어떻게 아는 것일까?

악인에게서 악행을 저지르지 않기를 바라는 것은 무화과나무에서 다른 열매를 얻기를 바라고, 어린아이가 울지 않기를 바라고, 말[馬]이 소리 내어 울부짖지 않기를 바라고, 본성에 의해 필연적으로 일어날 수밖에 없는 어떤 다른 일들이 일어나지 않기를 바라는 것과 같다. 그와 같이 악한 생각을 가진 자가 그 밖에 달리 무엇을 할 수 있겠는가? 네가 간절히 원한다면 그의 생각을 고쳐주어라.

17. 옳은 일이 아니면 행하지 말고, 진실이 아니라면 말하지 말라.

18. 모든 경우에 있어 네 생각에 각인된 사물들의 원인과 질료와 목적과 그리고 그 존재들이 반드시 사라지는 기간들을 정확하게 분석하여 그 사물들이 무엇인지를 철저하게 살펴보아야 한다.

19. 너는 언젠가는 너를 줄에 매인 미약한 인형처럼 만드는 감정의 요소들보다도, 네 안에는 더 강하고 더 신비한 무엇인가를 내포하고

있다는 것을 깨달으라. 지금 이 순간 내 정신 안에는 무엇이 있는가? 두려움, 의심, 욕망인가? 그 밖의 다른 어떤 것인가?

20. 첫째, 목표나 목적의식 없이 행하지 말라. 둘째, 공동의 유익 보다 다른 어떤 목적의식을 가지지 말라.

21. 얼마 안 가서 네 몸도 사라지고 너는 어디에도 존재하지 않게 될 것이다. 네가 보고 있는 모든 것과 함께 살아가는 모든 사람도 그와 같다. 만물은 본성에 의해 연이어 다른 것들이 생겨날 수 있도록 바뀌고 소멸하고 변모된다.

22. 모든 것은 생각하기에 달려 있으며, 너는 너의 생각을 제어한다. 그러므로 네가 원할 때마다 너의 판단을 지워버리고 나면, 항해하는 선원이 잔잔한 물결과 고요한 항구를 찾은 것과 같이 평온해진다.

23. 어떤 개별적인 활동이 그만두어야 할 적절한 때가 와서 그 일을 중단해도 해를 받지 않으며, 그 일의 주체가 되는 자도 그 특정한 활동이 중단되었다고 해서 해를 받지 않는다. 이와 같이, 인간의 삶을 이루는 모든 활동의 총체가 끝이 나야 할 적절한 시기가 온다면, 단지 중단된 사실로 해를 받지 않으며, 그 모든 일련의 활동의 주체자도 시기적절하게 그 일을 마치는 것으로 인해 그 어떤 해도 받지

않는다. 그 시간과 기간은 본성이 배정한 것으로—나이가 드는 것처럼 때로 인간 자신의 본성에 의해 정해진 것도 있지만, 어떤 경우든 우주의 본성에 의해 정해졌으며, 그 구성하고 있는 부분들이 변화를 거듭하면서 언제나 우주 전체는 젊음과 신선함을 유지한다.

우주 전체에 유익한 것은 어떤 것이라도 언제나 선하고 시기적절한 것이다. 따라서 우리 각자에게 있어 인생을 마치는 것은 해가 되거나 수치스러운 일이 아니며, 우리 자신이 선택한 것도 아닐뿐더러 공동체의 유익에도 해를 입히지 않는다. 오히려 우주를 위해 적절한 시기에 죽는다는 것은 선한 것이며, 그렇게 함으로써 피차간에 유익을 주고받는 것이 된다. 이렇게 하여 그의 선택과 목적이 신들의 길을 따라 움직일 때, 그 사람은 신들의 지지에 동참하는 삶을 살아가게 되는 것이다.

24. 세 가지의 생각을 늘 염두에 두어라. 첫째, 목적이 없거나 정의 그 자체로 행하는 것이 아니라면 그 일을 행하지 말라. 외부에서 일어나는 일들도 우연이나 섭리가 작용하는 것이니, 어느 누구라도 우연에 대한 비난이나 섭리에 대한 불평을 하지 말아야 한다. 둘째, 각자가 본성으로 잉태되어 혼의 호흡이 시작되며, 호흡이 시작될 때부터 우리의 혼이 호흡을 되돌려 줄 때까지, 우리의 체질을 이루고 있는 원소들이 무엇인지, 우리가 해체되고 난 후에는 무엇이 될 것인지를 생각하는 것이다. 셋째, 네가 갑자기 공중에 높이 올라가 인간의 행태와 그 다양한 모든 것을 내려다본다면 너는 그것들을 경멸하게

될 것이다. 그와 더불어 너를 둘러싸고 있는 대기와 천상에 살고 있
는 거대한 영적인 군상들을 보았기 때문이다. 수없이 올라가 내려다
본들 항상 같은 모습으로 그것들이 얼마나 단조롭고 덧없는지 보게
될 것이다. 그 허망한 것들이 우리가 자랑하는 대상이었다는 것을 생
각해보라.

25. 판단을 버리면, 너는 구원을 받을 것이다. 그리고 판단을 버리
는 것을 누가 막을 수 있겠는가?

26. 네가 어떤 상황에 조바심을 내고 초조하다면, 너는 몇 가지 일
을 잊고 있는 것이다. 너는 이 모든 일은 우주의 본성에 따라 일어나
고 있다는 것과 어떤 잘못된 일은 다른 사람의 문제라는 것과 모든
일이 과거에도 항상 그와 같이 일어났으며 미래에도 다시 그와 같이
일어날 것이며 현재에도 세계 도처에서 벌어지고 있는 일이라는 것
이다. 인간의 존재는 모든 인종 간에 밀접한 유대관계에 놓여있다는
것—혈연과 종족에 의한 것이 아닌 정신의 공동체라는 것이다. 네가
역시 잊고 있는 것은, 모든 사람의 정신은 신이고 그 근원으로부터
흘러나온 것이어서 네 자신의 소유란 없으며 우리의 자녀와 우리의
육신과 우리의 혼조차도 그 근원에서 비롯된 것이다. 모든 것은 생각
하는 것에 달려있으며, 우리의 각자는 단지 현재의 순간을 살고 있으
며, 우리가 잃고 있는 모든 것은 현재의 순간뿐이라는 것을 잊고 있
는 것이다.

27. 너는 유별난 분노를 극도로 표출했던 자들, 영광과 재앙과 적개심과 어떤 다른 운명으로 세간의 관심을 최고조로 받던 자들을 끊임없이 상기해보라. 그리고 난 다음 '이들은 모두 어디에 있지?' 하고 곰곰이 생각해보라. 그들은 연기와 재로 변했고, 이야깃거리가 되거나 이야깃거리조차도 되지 못했다. 이와 동시에 너는 본보기가 되는 모든 계층의 사람들을 떠올려보라. 파비우스 카툴리누스가 그의 시골집에서, 루시우스 루푸스가 자기 집 정원에서, 스테르티니우스가 바이아이에서, 티베리우스 황제가 카프리에서, 벨리우스 루푸스가 했던 것들은 대체적으로 자만심으로 인한 집착에 묶여 있던 것들이었다.[142] 그들이 추구했던 모든 것이 얼마나 무가치한 것인가를 생각해보라. 너에게 주어진 여건 속에서 순전純全하고 절제하며, 신들에게 순종하며 사는 삶이 얼마나 더 현명한 것인지도 생각해보라. 자기 자신이 자만심에서 벗어났다고 여기는 자만심이야말로 가장 참기 어려운 것이다.

28. 누가 묻기를 '너는 신들을 본 적이 있는가? 너를 그들을 섬기도록 인도한 그들의 존재를 무엇으로 확신하고 있는가?'라고 하면, 나는 대답하기를 첫째, 그들은 우리의 눈으로 실제적으로 볼 수 있

---

142) 파비우스 카툴리누스Fabius Catullinus, 루시우스 루푸스Lusius Lupus, 스테르티니우스Stertinius, 벨리우스 루푸스Velius Rufus는 실속없이 거창하고 궁극적으로 어리석기 짝이 없는 야망을 쫓아가는 대표적인 인물들로 거론된 듯하다. 티베리우스Tiberius는 기원전 42년에 출생한 로마의 황제(재위 14~37년)로 그의 통치 말년에 나폴리 만에 있는 카프리 섬에서 은둔했다. 바이아이Baiae는 캄파니아 지방의 해변에 있으며 상류층의 휴양지가 있었다.

다. 둘째, 내가 내 자신의 혼을 보지 못함에도 그 혼을 존중하듯이, 이와 같이 신들도 마찬가지로 나는 매사에 그들의 능력을 시시때때로 경험하므로 나는 그들의 존재를 확신하고 숭배한다고 했다.

29. 인생의 구원은 각 사물의 본질과 그 전체의 질료와 인과관계를 파악하고 알아내는 데 있으며, 온 마음을 다해 정의롭게 행하고 진리를 말하는 데 있다. 거기에는 다른 어떤 것에 최소한의 틈도 주지 않고 연이어서 선행이 이어짐으로 인해 인생의 즐거움만이 남게 된다.

30. 지나가는 길에 장벽과 산과 셀 수 없는 다른 장애물이 가로막는다 해도 햇빛은 유일한 것이다. 셀 수 없는 개별적인 육신들로 나뉘어져 있다 해도 공통된 실체는 유일한 것이다. 특정한 속성으로 수많은 종(種)으로 갈라져 있다 해도 동물적인 혼은 유일한 것이다. 이성적인 정신도 여러 가지 특성을 보일지라도 유일한 것이다.

앞에서 언급된 것들의 다른 부문들, 곧 단지 호흡하는 그런 것이나 감각이 없는 물질적인 부문들은 서로에 대한 직접적인 관련성을 지니지 않는다. 그러나 이성적인 정신은 동족 간에 관련성을 가지며 유대관계를 이루며, 서로에 대한 동료애를 느끼며 분열되지 않는다.

31. 너는 무엇을 더 원하는가? 영원히 살기를 원하는가? 또는 감각적이고 충동적인 삶을 원하는가? 성장하다 시들기를 원하는가? 목소리를 내고 생각하기를 원하는가? 이 모든 것 중 어느 것이 유감

스러운 일이겠는가? 하지만 이 모든 것이 경멸받을 만한 것이라면, 최종의 목표를 향해 전진하라. 그것은 이성을 따르고 신을 따르는 것이다. 그러나 이러한 것들에 가치를 부여하면서도 죽음이 와서 그것들을 잃을까 안달한다면 목표를 이루는 데 방해가 된다.

32. 끝없는 심연과도 같은 시간 속에 극히 미미한 부분이 우리 각자에게 할당되었고, 이마저 순식간에 영원히 사라져버린다. 얼마나 미미한 부분이 우주의 실체 중에서 우리 각자에게 할당되었고 우주의 혼 중에서 할당되었는가. 네가 운신하는 땅덩어리는 우주 전체의 대지 중에 얼마나 작은 부분인가. 이 모든 것을 반영해볼 때, 네 본성이 이끄는 바를 능동적으로 추구해나가는 동시에 우주의 본성이 가져다 준 것을 수동적으로 수용하는 것보다 더 중요한 것이 없다는 사실을 생각하라.

33. 너의 지배적 이성은 자신을 어떻게 사용하고 있는가? 모든 문제가 여기에 달려 있다. 그 밖의 모든 것은, 네 자신이 선택하든지 선택하지 않든지 간에 곧바로 시체와 재로 변해버릴 것들이다.

34. 쾌락을 선으로 여기고 고통을 악으로 여기는 자들임에도 죽음을 대수롭지 않게 여겼다는 사실은 정말 죽음이 아무것도 아니라는 명백한 판단을 내릴 수 있게 한다.

35. 적절한 시기에 때맞춰 오는 것을 선이라고 여기는 자, 그의 행동으로 올바른 이성을 드러내는 기회가 많든지 적든지 간에 만족하는 자, 이 세상에서 좀더 오래 지내든 잠시 지내든 차이를 두지 않는 자에게는 죽음조차도 두렵지 않다.

36. 인간이여, 너는 위대한 국가[143]의 한 시민으로서 살아왔다. 그 삶의 기간이 5년이든지 50년이든지 무슨 문제가 되겠는가? 그 국가의 법은 모든 이에게 동일하게 적용된다. 네가 이 국가로부터 내보내진다 해서 두려할 것이 뭐가 있을까? 너를 내보내는 자는 폭군도 부정한 재판관도 아닌, 너를 이곳에 데려온 바로 그 본성이다. 그것은 희극 배우를 채용한 배역 감독이 무대에서 그를 내보내는 것과 같은 것이다. '그런데 나는 5막이 아니라 단지 3막만 연기를 하지 않았소.' '사실이다, 그러나 네 인생에 있어서는 3막을 연기하는 것이 그 전부를 다한 셈인 것이다.' 네 삶의 끝은 처음에 너를 구성하고 지금 너를 해체하는 존재로 인해 결정된 것이다. 너는 이 일에 관여할 수 없다. 그러니 평안하게 가라. 너를 가도록 인도한 신도 너를 평안하게 가게 할 것이다.

---

143) 위대한 국가는 우주를 말한다.

명상록

초판 1쇄 2019년 3월 29일 찍음
초판 1쇄 2019년 4월 5일 펴냄

지은이 | 마르쿠스 아우렐리우스
옮긴이 | 째라 강
해제 | 박홍규

펴낸이 | 강준우
기획 · 편집 | 박상문, 김소현, 박효주, 김환표
디자인 | 최원영
마케팅 | 이태준
관리 | 최수향
인쇄 · 제본 | 제일프린테크

펴낸곳 | 인물과사상사
출판등록 | 제17-204호 1998년 3월 11일
주소 | 04037 서울시 마포구 양화로7길 4(서교동) 2층
전화 | 02-325-6364
팩스 | 02-474-1413
www.inmul.co.kr | insa@inmul.co.kr

ISBN 978-89-5906-518-9 03100
값 11,500원

이 도서의 국립중앙도서관 출판예정도서목록(CIP)은 서지정보유통지원시스템 홈페이지
(http://seoji.nl.go.kr)와 국가자료공동목록시스템(http://www.nl.go.kr/kolisnet)에서
이용하실 수 있습니다. (CIP제어번호: CIP2019012029)